오! 자네가 최제현인가?

홍천강에서 한강까지, 그리고 그 너머

최제현 소개

강원도 홍천 고랭지마을에서 출생. 평생 배추 농사를 지으신 부모님의 다섯 남매 중 막내. 막둥이의 운명처럼 오늘날에도 부모님에 대한 그리움을 크게 타는 편. 2018년과 2022년에는 선거판에 나가 폭우와 함박눈을 쫄딱 맞으며 갖은 고생을 하였으나, 막상 돌아오는 것은 패배의 짙은 슬픔뿐이었다. 척박한 지방 소도시에서 그가 외치는 청년 정신이 인구소멸과 저출산 고령화 사회로 달려가는 지역 정치에 미칠 선한 영향력을 기대해 본다. 그가 털어놓는 진솔한 선거판 이야기와 정책 제시가 사뭇 진지하고 흥미롭다. 그의 정치 철학과 신념이 잘 준비되어 새로운 도전의 기회로 꽃을 피울 수 있을지 함께 지켜볼 일이다. 현재 지역에서 봉사활동을 하며 '최제현신재생에너지관리'라는 업체를 운영 중이다. 동국대를 졸업하였고, 연세대학교에서 정치학 석사과정 중이다.

오! 자네가 최제현 인가?

홍천강에서 한강까지,
그리고 그 너머

최제현 지음

창조와지식

들어가며

8년간의 무명 정치가 준 소중한 선물

오랜 기다림 속에서,
비로소 참된 마음의 꽃이 피었습니다.

"어디서 들어본 것 같긴 한데 누구였더라."
"제가 최제현입니다. 터미널 사거리에서 인사하던"
"아. 자네가 최제현이구만! 반갑네."

우리 지역 주민과 함께 나누는 대화는 늘 정겹고 기분을 좋게 합니다. 그리고 소박하게 두 손을 마주 잡을 수 있는 여유만으로도 행복의 감정을 느끼게 해줍니다. 이런 소중한 마음을 가질 수 있는 것은 홍천이라는 공동체에서 다 같이 살아가기 때문입니다. 홍천의 앞날을 위해 한 걸음 더 도약하기를 바라는 마음도 공통된 관심사일 것입니다. 저는 홍천을 사랑하는 분들과 대화를 나누듯이 조심스럽게 저의 이야기를 시작하고자 합니다.

 저를 눈여겨 봐주신 분들은 이미 아실 것입니다. 실은 제가 홍천에서 두 번의 지방선거에 출마하였던 경험이 있습니다. 나름대로 정말 열심히 한다고는 했지만, 결과는 아쉬움이 가득하였습니다. 절치부심하였고 실패에 대한 자책으로 마음의 고생을 한 적도 있습니다. 하지만 저는 아픈 경험들이 훗날 열매를 맺는데 자양분이 될 것이라며 자신을 응원하고 격려해주기로 결심하였습니다. 심기일전하기로 마음먹은 것입니다. 겸손한 마음으로 되돌아보기로 하였습니다. 단순히 시행착오를 거듭하지 않는 노력만으로 그치지 않고 참된 의미를 되짚어 보기로 한 것입니다. 흥미로운 일들도 많았습니다. 특히 2022년 지방선거가 특별히 기억에 남습니다. 그때는 일단 출마하는 저의 마음가짐도 남달랐습니다. 그것은 마치 목숨을 내놓고 절체절명의 순간에 서 있는 전장의 장수와 같은 심정이었을 것입니다. 흔히 사용되는 '정치생명'이란 말처럼 패배하면 많은 것을 잃는다는 점을 알고 있었기 때문입니다. 패자에게 배려란 없는 승자독식의 선거판에서 터득한 두려움도 한몫하였을 것입니다. 그러나 이미 경험한 패배의 두려움이 새로운 용기로 발현하는 순간은 떨칠 수 없는 유혹처럼 달콤하였습니다.

"제현씨 뭐 하러 돈 없애고 힘들게 그래요?"

세상에 이유 없이 피는 꽃이 없듯 저의 꿈도 마찬가지였습니다. 이런저런 이유로 꿈을 접었다면 참으로 후회되는 일이었을 것입니다. 다행히 저는 첫 번의 낙선에서 심기일전하는 마음을 가지게 되었고, 두 번째는 삶을 성찰할 수 있는 시간을 얻을 수 있었습니다. 먼저 저 자신이 포기하지 않고 끝까지 완주하여 유종의 미를 거두었다는 점이 대견합니다. 중도에 힘들다고 그만두었다면, 사회에 대해 불평불만을 가득 가지고 사는 투덜이에 지나지 않았을지 모릅니다.

 저는 용기 있는 청년의 모습을 추구하였습니다. 흔들리며 피어나는 꽃이라고 해도 어려움에도 굴하지 않는 청년 정신을 계승하려 하였습니다. 그것은 저 한 사람 개인의 정치적 욕심이 아니었습니다. 그동안 이 땅에 나라를 위해 헌신해오신 선배님들에 대한 존경의 표현이기도 하였습니다. 그리고 가난하지만 정직하게 평생을 살다 돌아가신 부모님에 대한 자식의 의리와도 같은 것이었습니다. 저의 정치 이념은 청년 정신이었습니다.

"포기하지 말고 기운을 내세요"

정치판이 지나치게 정파적이고 소통이 되지 않다 보니 국민으로부터 불신을 받는 일이 어제, 오늘의 일이 아닙니다. 그렇지만 사실 생각해보면, 정당이나 이념으로 편이 나뉘는 것이 무조건 비난받을 사안은 아닙니다. 한쪽의 독주가 아닌 균형감 있는 정치가 되기 위해서라면 여러 가지 측면의 입장들이 충돌하는 것도 필요하기 때문입니다. 우리 지역도 발전을 위해서라면 정치적으로 풀어야 할 문제들에 대해 좀 더 깊게 살펴볼 필요가 있습니다. 그리고 중앙정부와 지역 사회의 균형을 이루면서도 직면한 문제들을 해결할 해법을 찾는 데 집중해야 합니다. 그 방법 중 한 가지로 저는 청년 정치가 일정 부분을 자리 잡도록 해야 한다는 생각입니다. 청년들이 진입하기에 지방의 정치는 어렵고 힘이 듭니다. 하지만 도전하는 젊은이들이 많아져야 우리 지역의 정치도 희망이 생겨납니다. 제가 비록 두 번의 낙선을 하였지만, 홍천의 유일한 청년 정치인으로 도전한 것에 의미를 두는 이유입니다.

저는 이 책을 쓰면서, 제가 홍천의 선거판에 들어와 겪은 청년 정치의 한계와 비전에 대해 기록하고자 합니다. 특히 선거를 준비하고 진행하며 겪었던 이야기들을 말씀드리겠습니다. 그리고 홍천이 직면한 문제와 정말 필요한 내용들을 담아 독자 여러분과 함께 대안을 생각해보려 합니다. 이런 저의 구상은 세상의 어떤 슬픔도 품에 안아 견뎌낼 수 있는 아름다운 청년 정신을 계승하자는 뜻에서 시작되었습니다. 또한 앞으로도 이어 나갈 것입니다. 제 글은 저를 선택하여 주셨던 유권자뿐만 아니라, 먼발치에서 안타깝게 지켜봐 주셨던 분들과 진정 지역의 발전을 염원하시는 홍천군민들에게 드리는 감사의 인사입니다. 저의 이런 노력은 청년 정치의 의미를 되새기고 한 걸음 더 나아가기 위한 몸부림이기도 합니다.

CONTENTS

들어가며

8년간의 무명 정치가 준
소중한 선물 _5

1

청춘, 꽃피는 시대정신

1. 100년 전 홍천을 빛낸 10인의 청년들 _19
2. 청년 본연의 모습 어려울 때 발휘하는 힘 _25
3. 청년 정치의 맛 참 쓰다. _29
4. 철학과 소신이 있다면 청년답게! _33
5. 청년이 중심에 설 수 있는 가장 빠른 방법 _39

2

최제현의 선거 이야기

1. 청운의 꿈을 안고 힘차게 던진 출사표 _45
2. 하루도 쉼 없이 백일동안 인사드리기 _51
3. 함박눈 펑펑 내리던 아침 눈물의 의미 _57
4. 해 질 무렵 이슬비에 젖은 목소리 _63
5. 신선한 선거를 위한 시도, 소들에게는 미안 _69
6. 험난한 길 끝에 남은 감사한 마음 _75

CONTENTS

3
최제현이 지키고 싶었던 약속

1. 울퉁불퉁 길거리는 제발 그만 이용자 중심으로 _83
2. 홍천강 따라 보고 즐길 수 있는 테마공원 _89
3. 가장 시급한 지역 경기 활성화 함께 풀어가기 _95
4. 섬세하고 특성화된 학교 다양성과 전문성으로 _101
5. 결혼과 출산의 어려움 경청부터 다시 _107

4
선거에서 만난 꽃과 별

1. 터미널 회전교차로를 지나는 사람들 _117
2. 거리의 노점상 할아버지 _125
3. 비 오는 날의 우산 _133
4. 이름 모를 어머님의 전화 한 통 _141
5. 장애인 자녀를 둔 아빠의 외침 _147
6. 조금 더 자세히 보셔야 할 후보자의 유형 _155

5

최제현의
정치철학과 소신

1. 최제현은 왜 정치하려는가 _163
2. 철학과 소신있는 정치 작은 것부터 _171
3. 그 밥에 그 나물 정말 똑같을까요 _177
4. 진보와 보수 어느 쪽이 맘에 드시나요 _183
5. 공룡 선거구 획정 멀고도 험한 길 _193
6. 답을 찾아 현장 속으로 _199
7. 살아있는 지역 정치 본질과 역량 _205

6

홍천, 수도권 도시를
준비하자

1. 직시해야 할 홍천의 현실 _213
2. 홍천 철도 두 정치인의 우여곡절 이야기 _219
3. 수도권 시대는 철도가 연다 _225
4. 새로운 홍천강 프로젝트 _233
5. 홍천의 축제를 종합관광의 매개체로 _239
6. 홍천이 평화와 안보의 중심으로 _247
7. AI와 홍천의 혁신 프로젝트 _253

나오며

값진 경험을 통해 홍천강에서 한강까지 _259

1

청춘,
꽃피는 시대정신

1
100년 전 홍천을 빛낸 10인의 청년들

청년의 이름으로 역사가 되었습니다.
그들의 희생이 지금 우리의 자부심입니다.

역사 속에서 '청년 정치'라는 말은 흔히 찾아보기 어렵습니다. 그러나 청년 정신이 발휘된 사건들은 곳곳에서 발견할 수 있습니다. 그중에서도 제가 먼저 소개하고 싶은 이야기는 바로 홍천에서 일어난 '독립 만세운동'입니다. 우리 홍천에도 1919년 3·1운동 당시 처절하게 항거했던 대표적인 청년 10명의 기록이 남아있습니다. 서대문형무소 역사관에서 발간한 서대문형무소 3·1운동 수감자 자료집을 보면 그들의 활동을 상세히 확인할 수 있습니다.

 1919년 4월 1일, 홍천군 홍천면(현 홍천읍)에서는 신장대리 시장, 면사무소, 군청, 헌병대 등을 중심으로 약 200여 명의 군중이 모여 독립 만세를 외쳤습니다. 이 운동은 '차봉철', '서상우', '오창섭' 등 청년들의 주도로 진행되었으며, 평민 출신의 이들은 도로보수 부역에 동원된 주민들과 함께 뜻을 모았습니다. 군중은 시장에서 만세를 외치며 군청으로 몰려갔고, 이에 군수가 나와 회유를 시도했습니다. 그러나 군중은 군수의 칼을 꺾고 손을 들게 하며 굴복시켰습니다. 뒤늦게 나타난 일본 헌병대는 위협을 느끼고 해산을 강요하다가 끝내 총기를 발포했습니다. 무력으로 억누르려는 폭력 앞에 희생은 불 보듯 뻔했습니다. 만세를 외치던 이들 가운데 3명이 목숨을 잃었고, 또 다른 3명은 중상을 입었습니다. 결국 홍천 사람 33명이 체포되어 모진 고초를 겪어야 했습니다.

이러한 역사적 사실관계의 신빙성은 오늘날에도 매우 높게 평가되고 있습니다. 자료 자체가 불법 강제 점령 상태의 가해자였던 일본인들이 기록한 내용들이므로 논란의 여지가 없다고 하겠습니다. 서대문형무소에 남겨진 기록들은 체포와 재판 과정을 비롯하여 복역 기간까지도 나와 있습니다. 수감자들이 겪었을 모진 고초와 처참함이 고스란히 전해지는 듯합니다. 그 외에도 수감자 기록 카드에는 이름과 나이는 물론이고 직업과 신분, 신체적 특징까지도 상세히 기록되어 있습니다. 또한 정면과 측면의 얼굴을 포함한 상체 사진도 포함하고 있기에 그 상세한 기록의 흔적들을 볼 수 있습니다. 서대문형무소에 수감 되어 6개월 이상 실형을 산 홍천사람은 10명이었습니다. 놀라운 것은 그 10명 중 19살 나이의 독립운동가가 4명이나 되었다는 사실입니다. 오늘날 19살이면 고등학교 3학년에 다닐 시기로 아직 미성년의 나이입니다. 100년 전, 우리 홍천의 청년들은 도대체 어디에서 그런 용기와 열정이 솟아났을까요. 그 높은 기상과 뜨거운 애국심은 아직도 식지 않은 듯합니다. 또한 20대의 청년들도 4명이 더 있었습니다. 이분들 중 '차봉철'이라는 분은 22살의 나이로 동생과 함께 홍천 읍내에서 일어난 만세운동에 가장 선두로 나서 죽음을 불사하는 엄청난 용기와 기개를 펼치기도 하였습니다. 실로 홍천의 청년으로 후대에도 기억될 자랑스러운 독립운동가의 모습이었다고 하겠습니다.

참으로 안타까운 것은 이 독립운동가들의 처벌 수위가 지나치게 높았다는 점입니다. 감형도 전혀 없는 1년 6개월의 실형을 받은 분도 있었으니, 그 열악한 감방에서의 고초는 차마 입에 담기가 어려울 지경이었을 것입니다. 어이없게도 일본 강제 점령군의 입장만 대변하는 '보안법 위반'이라는 재판은 도대체 어느 나라의 누구를 위한 법의 적용이었는지 도무지 알 수가 없습니다. 아울러 홍천군 내촌면 동창마을의 기미만세공원에도 독립운동의 역사가 잘 간직되어 있습니다. 오로지 나라의 독립만을 위해 고통을 감수하였던 의로운 청년 독립운동가들이 상당수 있었다는 것입니다. 이는 홍천의 자랑이며 우리나라의 큰 자부심이라고 하겠습니다. 불의에 굴하지 않고 나라 사랑을 몸소 실천한 청년 선배들의 모습이 자랑스럽습니다. 깊이 새겨야 할 역사의 한 부분입니다.

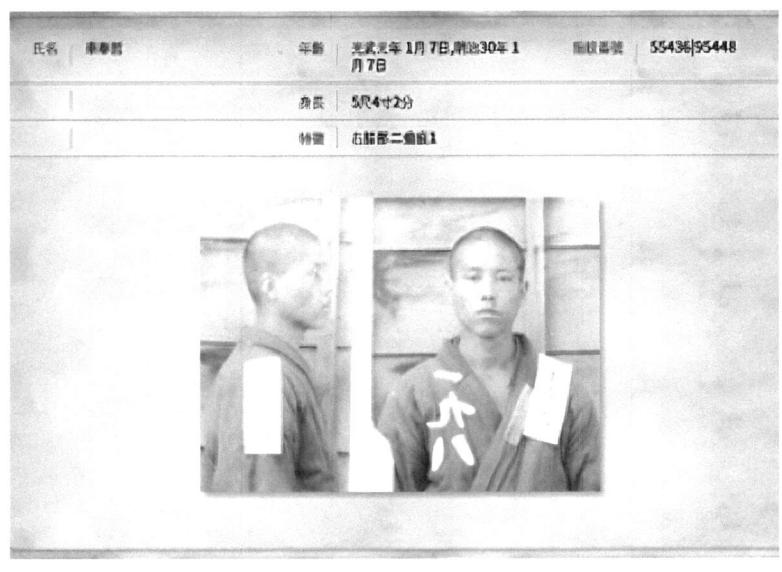

1919년 서대문형무소에 홍천 출신의 형제가 있었습니다. 당시 나이는 19세와 22세였습니다.
<차봉철, 차봉환. 출처: 서대문형무소역사관>

2

청년 본연의 모습
어려울 때
발휘하는 힘

진짜 청춘은 시련 속에서 피어납니다.
흔들려도 꺾이지 않는 마음이
청년의 본모습입니다.

정치권에서 청년의 기대역할은 새로운 것을 시도하는 참신함과 기존의 틀에서 벗어나는 도전적인 태도일 것입니다. 요즘에는 나이만을 가지고 몇 살까지를 딱 꼬집어 청년이라고 정하기도 어려워진 사회입니다. 왜냐하면 저출산 고령화 시대에 지역의 인구는 감소하고 사회활동의 기준 나이는 점점 늘어나고 있기 때문입니다. 그리고 사실 나이는 누가 봐도 청년이지만 막상 청년이 청년다운가를 따지자면 또 복잡해질 수도 있겠습니다. 제대로 된 청년이란 아마도 어려움이 닥쳤을 때, 겁을 먹고 뒤로 물러서는 것이 아닌, 정의로움을 위해 앞으로 나아갈 수 있는 용기를 지닌 사람이라고 할 수 있을 것입니다. 어렵더라도 맞서 이겨낼 수 있는 강인한 정신력과 체력이 청년에게 필요한 이유이기도 합니다. 두렵더라도 의로움과 열정으로 미래의 영역을 개척하는 것이 바로 우리가 원하는 청년 본연의 모습일 것입니다.

 앞서 말씀드렸다시피 우리나라 청년들은 나라와 사회문제도 외면하지 않았습니다. 즉, 불의에 항거하였고, 나라를 위해 목숨을 내놓기도 하였습니다. 3.1 운동으로 대표되는 일제 강점기의 저항이 있었습니다. 그뿐만 아니라 나라를 사랑하는 신념의 실천은 해방 후에도 청년들에게 멈추지 않았습니다. 우리 청년들은 6.25 전쟁에서 군인으로, 학도병으로 이름 없는 소시민으로 많은 목숨을 잃었습니다. 그 희생으로 우리나라는 자원이 턱없이 부족한 국가

임에도 오늘날 세계 경제 강국으로 우뚝 설 수 있는 기반을 마련한 것입니다. 또한 청년들은 1960년 3.15부정선거에 맞서 4·19혁명의 도화선 역할을 하였습니다. 그뿐만 아니라 1960~70년대 독일에 광부 7,936명과 간호사파견 11,057명, 8년 8개월 동안 연인원 32만 명의 월남파병도 모두 청년의 몫이었습니다.

 우리가 누리고 있는 지금의 행복은 헤아릴 수 없이 많은 청년의 희생을 통한 대가라고 해도 과언이 아닐 것입니다. 이런 역사 속 청년들의 헌신은 앞으로도 제대로 발굴되어 평가받도록 하여야 할 것입니다. 우리나라의 미래가 청년들의 진취성에 달려 있기 때문일 것입니다.

1960~70년대 우리나라는 독일에 광부 7,936명과 간호사 11,057명을 파견하였습니다.
<출처: 한국파독 광부간호사간호조무사연합회>

3

청년 정치의 맛 참 쓰다.

힘들지만 이겨내야 하는 이유가 있습니다.
그것이 우리가 원하는 세상을
현실로 만들기 때문입니다.

앞서 어려움 속에서도 빛난 청년들의 위대함을 말씀드렸습니다. 그런데 오늘날 청년들의 상황은 좀 다릅니다. 특히 정치 분야에 있어서 청년들의 활약은 미비합니다. 청년 정치가 변화와 혁신이라는 매우 중요한 역할이 있음에도 움츠러든 까닭은 무엇 때문일까요? 미래의 주역이 될 청년 정치가 제대로 이뤄지지 않는다는 것은 큰 문제입니다. 그런데 이 문제의 원인을 반드시 기존의 정치권에 몸담고 계신 분들에게서만 찾을 수도 없습니다. 역설적으로 기득권 정치계에서는 청년회 활동을 권장하는 추세에 있습니다. 아날로그 시절에는 소위 운동권의 20대 대학 청년들의 사회문제에 대한 참여 활동이 매우 많았습니다. 하지만 디지털시대를 거쳐 AI 인공지능이 상용화되는 지금의 청년 정치 참여는 현저하게 부족합니다. 이러한 현상에 대해 그 원인을 심도 있게 찾아보는 과정이 필요할 것입니다. 그러면서 자연스럽게 대안을 제시하는 것도 필요하다고 여겨집니다.

청년 정치의 어려움은 저도 직접 경험하였습니다. 기득권 정당에서 자리매김하기가 매우 어려운 상황입니다. 일반적인 유권자 수 대비 2030세대는 물론이고 40대까지 확장하여 보아도 청년세대의 정당 참여율도 상당히 낮습니다. 원인은 기본적으로 청년들이 정당 내에서 어울릴만한 여건이 부족하기 때문입니다. 각 정당은 청년위원회 형식으로 자리를 마련하고 있지만, 참여율은 역시 저조합니다. 이는 청년회가 참여할 수 있는 예산이 확보되지 않고 기존 시스템에 의존하게 되는 문제로 연결됩니다. 새로 조직을 꾸려 발대식을 하고 홍보하는 것까지는 잘 됩니다. 하지만 막상 청년들이 자리매김할 수 있도록 도와주는 꾸준한 교육과 물적 지원은 찾아보기 어려운 실정입니다. 그렇다 보니 선거 때만 '새로운 바람'이라고 하여 청년이 나타나고 이벤트처럼 선거가 끝나면 사라지는 현상도 있는 것입니다. 이러한 청년 부족 현상은 기성 정당뿐만 아니라 사회 전반적으로도 해소해야 할 문제라고 여겨집니다. 참 쓰디씁니다.

 청년 정치는 우리나라의 미래를 위해 매우 중요한 부분이므로 꾸준한 연구와 발전 노력이 필요합니다. 만약 저의 경험이나, 이 책에서 쓰는 부분에 대해 상세한 설명이 필요로 하는 사항이 있다면 언제든 질의요청 주시면 되겠습니다. 함께 공유하도록 하겠습니다.

"어려움은 청년을 꺾는 것이 아니라
더 단단하게 벼리는 불꽃이다."

– 프리드리히 니체

4
철학과 소신이 있다면 청년답게

청춘에는 진심이 있습니다.
우리는 세상에 타협하지 않는 용기가 있습니다.

청년 정치가 뿌리내리기 위해서는 무엇보다 제도적 토대가 마련되어야 합니다. 선거에 출마하려는 청년들에게 가장 큰 장벽은 준비자금과 선거비용입니다. 이러한 현실적 문제를 해결하기 위해서는 공정한 지원과 합리적 보전 장치가 마련되어야 합니다. 단순히 형식적으로 규정만 두는 것이 아니라, 청년들이 실제로 체감할 수 있는 제도가 작동해야 합니다. 각 정당에서 추진했던 청년 할당제나 공천 심사 가산점 제도도 마찬가지입니다. 보여주기식 시도가 아니라 꾸준히 유지되고 발전해야만 비로소 의미가 있습니다. 청년에게 기회를 주는 제도는 일회성이 아니라 제도로 정착할 때 진정한 가치를 갖습니다.

그런데 만약 청년 정치에 제도적인 부분이 보완된다고 해도 매우 중요한 문제가 남습니다. 즉, 가장 핵심이 되는 것은 청년 정치인 스스로 준비와 자질이 되어 있느냐가 관건이 되는 것입니다. 정치인은 단순한 선출직 후보자가 아니라 사회적 책임을 지는 공적 존재입니다. 따라서 능력과 실력을 쌓는 과정은 선택이 아니라 필수입니다. 정치적 독립성을 확보하고, 자신의 철학과 신념을 깊이 고민하며, 때로는 기득권과 맞서더라도 흔들리지 않아야 합니다. 청년답다는 것은 곧 자신만의 색깔과 목소리를 분명히 드러내는 데서 비롯됩니다. 물론 기존 정치와의 차별성을 확보하는 일은 쉽지 않습니다. 하지만 공천과정에서 가산점과 같은 혜택을 얻기 위해서라도 반드시 보여줄 수 있는 경쟁력과 진정성이 필요합니다.

 청년 정치인은 다양한 학습과 경험을 쌓아야 합니다. 정치 아카데미와 같은 교육 프로그램을 통해 정책적 전문성을 기르고, 지역 문제 공론화 위원회나 주민 참여 협의체 활동에 참여하며 실제 현장을 체험해야 합니다. 이러한 과정에서 드러나는 준비성과 진정성은 유권자들에게 신뢰로 이어집니다. 결국 정치인의 힘은 국민을 설득할 수 있는 능력에서 나오며, 준비된 모습은 곧 실력의 증거가 됩니다. 하지만 청년임에도 불구하고 정작 청년을 대변하지 못하는 경우가 많습니다. 기성 정치인의 행태를 그대로 답습하다 보니 청년다운 참신함과 독창성이 사라져 버리는 것입니다. 청년이라는 이름으로 등장했음에도 낡은 정치 문법을 그대로 따라가는 모습은 안타까울 뿐입니다. 이런 현상은 개인의 한계를 넘어 청년 정치 전반에 대한 불신으로 이어지기도 합니다. 청년 정치의 본래 목적은 새로운 가치와 패러다임을 제시하는 데 있음에도, 그 기대를 충족하지 못한다면 청년 정치의 존재 이유 자체가 흐려질 수 있습니다.

 따라서 청년 정치인이라면 구태를 답습하여 올바른 판단력이 흐려지지 않도록 노력해야 합니다. 기후 위기, 디지털 전환, 청년 일자리, 주거 문제 등 우리 사회가 직면한 미래 과제를 외면하지 말고, 오히려 그 분야에서 깊이 있는 비전을 제시할 수 있어야 합니다. 경험과 자원의 부족을 핑계로 삼기보다는 끊임없는 학습과 협력으로 한계를 넘어서는 노력이 필요합니다. 작은 실천과 성취가 쌓여야만 큰 정치적 신뢰를 얻을 수 있기 때문입니다. 청년은 청년답게 살아야 합니다. 철학과 소신을 바탕으로 흔들림 없는 자세를 유지하는 것, 그것이야말로 기성 정치와 구별되는 진정한 차별성입니다. 우리 사회가 청년 정치에 거는 기대 역시 바로 여기에 있습니다. 젊은 세대가 용기를 내어 목소리를 내고, 때로는 불편한 진실을 직시하며, 더 나은 사회로 나아가는 길을 제시하는 것이야말로 청년 정치의 본질입니다.

2022년 홍천군의 유일한 청년 후보로 지방선거에 출마하였습니다.

5

청년이
중심에 설 수 있는
가장 빠른 방법

아무것도 하지 않으면 세상은 늘 그대로입니다.

그래서 직접 실천하는 사람만이

미래를 만들 수 있습니다.

우리나라 정치인들이 가장 무서워하는 것이 무엇일까요. 제 소견으로 국민의 무관심은 정답이 아닌 듯합니다. 가만 생각해보면, 정치인들에게 가장 두려운 존재는 정책을 꼼꼼히 살피고 따져 물으며 투표하는 유권자입니다. 그리고 가장 무서운 말 역시 '투표장에서 심판하겠다'는 언급일 것입니다. 기성 정치인들은 유권자분들의 요구사항이나 불만에 대해 결국 목소리가 큰 부분에 신경을 더 쓰게 되어 있습니다. 만약 유권자들이 아무 말도 하지 않고 불평도 없이 '알아서 해주겠지'라는 착각의 수렁에 빠져있다면, 그 어떤 정치인도 무관심한 유권자들을 위한 정책을 펼치려 하지 않을 것입니다.

 투표하지 않는 방법으로 정치에 대한 불신을 간접적으로 표현할 수는 있습니다. 그러나 투표하지 않아서 바뀌는 정치는 별로 없습니다. 반면 투표장에 가는 것이 가장 좋은 정치발전의 방법입니다. 청년 세대들이 투표장에 가서 청년 정책과 비전제시가 제대로 된 후보자에게 투표할 때, 비로소 청년의 위상도 올라가고 청년 정치의 길도 자연스럽게 열릴 것입니다. 그러나 현실은 지방선거의 경우, 전체 투표율이 60% 턱걸이 수준이고 청년 세대들의 투표율은 30%도 되지 않는 경우가 허다합니다. 그런데 한편으로 우리나라 어르신들의 복지가 세계적인 수준까지 좋아지고 있습니다. 그 이유가 무엇이겠습니까. 저는 어르신들의 투표 참여율이 결정적인 영향을 미치고 있다고 생각합니다. 이른 아침 투표소가 문을 열기도 전에 줄을 서서 기다리는 어르신들이 있는 곳이 바로 우리나라입니다. 표를 주는 그분들을 위한 정책이 우선시 되는 것은 당연한 이치입니다. 그러니 청년 정치의 문제 해결방안은 결코 제도나 시스템을 뜯어고치고 입법안을 마련해야만 하는 것이 아닙니다. 그저 투표장에 가는 것으로도 해결되는 문제입니다. 가장 간단하면서도 가장 강력한 수단이 바로 투표이기 때문입니다.

"청년이란 나이를 말하는 것이 아니라,
용기의 이름이다."

−앙리 마티스

2

최제현의
선거 이야기

1
청운의 꿈을 안고
힘차게 던진 출사표

첫사랑처럼 설레고 소중한 출마였습니다.
두려움 속에서도 용기를 내었던 까닭입니다.

저의 선거 도전은 2018년에 첫 발걸음을 내디뎠습니다. 그때 저는 젊은 나이와 부족한 경험에도 불구하고, 변화를 만들어내고자 하는 열정 하나로 길을 시작했습니다. 첫 출발은 많은 시행착오와 배움의 연속이었습니다. 그 과정에서 정치라는 길이 단순한 승패 경쟁이 아니라, 사람들과의 소통과 사회적 책임을 배우는 여정이라는 사실을 깨달을 수 있었습니다. 무엇보다 중요한 것은, 자신이 하고자 하는 바를 끝까지 고민하고 책임지는 자세였습니다.

그리고 2022년 2월 18일 오전 9시, 저는 두 번째 도전을 시작했습니다. 강원도의원 선거에 다시 도전하는 것이었고, 홍천군 선거관리위원회의 업무 시작에 맞춰 예비후보 등록을 진행했습니다. 그 순간의 설렘과 긴장은 지금도 기억에 남습니다. 등록을 마치고 나니, 긴장과 설렘이 뒤섞인 마음이 한편으로는 묘하게 벅차올랐습니다. 놀랍게도, 예비후보 등록을 마친 이후 일주일 동안 강원도 전체에서 도의원 후보로 등록한 사람은 저 혼자뿐이었습니다. 당시 3월 9일에는 대통령선거가 예정되어 있었고, 각 정당에서는 대선 전 예비 등록을 금지하는 지침이 있었던 것으로 보입니다. 덕분에 저는 다른 후보들보다 약 20일가량 빠르게, 긴 선거 여정을 시작할 수 있었습니다. 혼자 시작한다는 사실은 처음에는 부담으로 다가왔지만, 동시에 계획과 전략을 차근차근 세울 수 있는 소중한 기회이기도 했습니다.

이 경험은 단순한 시간의 앞당김이 아니었습니다. 혼자 출발한다는 것은 곧 책임감과 자율성을 더 크게 느끼게 만든다는 의미였습니다. 선거라는 긴 여정 속에서, 누구의 도움도 기대할 수 없는 순간마다 스스로 모든 계획과 결정을 점검하고 조율해야 했습니다. 지역 주민들과의 만남, 정책 구상, 선거 활동의 우선순위 결정 등 모든 것이 제 손에 달려 있었고, 이 과정에서 스스로 정치인의 책임을 깊이 체감할 수 있었습니다.

 두 번째 도전은 단순한 재도전이 아니라, 첫 도전에서 얻은 배움과 깨달음을 실제 행동으로 옮기는 기회였습니다. 청년 정신을 바탕으로 정치에 더 깊이 참여하고자 하는 마음을 구체적인 행동으로 실현하는 기회였던 것이죠. 동시에 그 과정에서 느낀 불안과 부담, 혼자라는 외로움은 또 다른 배움이 되었습니다. 하지만 저는 그 모든 과정을 하나하나 경험하며, 정치인으로 실질적인 목소리와 정치적 신념을 가진 존재임을 증명하고자 했습니다.

 결과적으로 청운의 꿈을 안고 도전하였던 저의 선거는 아쉬움이 가득하였습니다. 여러 가지 제도적 장치가 있음에도 불구하고, 현실에서 청년이 정치에 참여하여 결과를 얻어내는 것에는 여러 어려움이 동반되었습니다. 선거 패배에 대한 책임노 셔야 했습니다. 기본적으로 비용에 대한 청구서를 해결해야 했으며, 도와주신 분들에 대한 감사의 마음도 전하는 것이 도리였습니다. 하지만 2018년의 첫걸음 이후 2022년의 두 번째 도전을 거치면서, 저는 정치의 의미와 그 책임을 조금 더 명확하게 이해하게 되었습니다. 스스로 선택한 길을 묵묵히 걸어가는 것, 그리고 그 과정에서 배우고 성장하는 것이 진정한 힘임을 알게 되었습니다.

사랑하는 홍천군 주민 여러분

저는 미래 홍천의 비전을 제시하고 열린 정치를 실현하고자 출마를 결심하였습니다.

먼저 우리 홍천이 가지고 있는, 도시와 농촌이 공존하는 지역의 특성에 맞는 맞춤형 정치를 실현하고자 합니다. 이는 특정 개인의 독단이나 의지만으로 이뤄지는 것이 아닌 공동체 사회 구성원 모두의 관심과 참여로서 가능할 것입니다. 그런 의미에서 소통의 공간을 확장하여 주민의 뜻을 모으고 정책에 반영될 수 있는 창구를 더욱 넓게 하겠습니다.

첫째, 오프라인에서는 간담회와 정책토론회 등을 통한 다양한 의견 수렴이 가능하도록 적극적으로 지원할 것입니다. 특히 이야기 마당이라는 소통의 장을 만들어 홍천주민 누구나 발언할 수 있는 지속적이고 꾸준한 여론 수렴과 정책반영의 길을 열 것입니다.

둘째, 스마트폰 시대에 맞는 모바일 카페와 SNS를 소통의 도구로 지원하겠습니다. 모바일 카페는 기본적인 책임과 의무만을 두고 익명을 보장하여, 손쉽게 접근하고 부담 없이 의견을 남길 수 있게 될 것입니다. 그리고 SNS의 각종 소통의 글과 이미지들은 정책 방향에 직접적인 참고자료가 될 것입니다.

 이러한 여러분의 소통과 여론은 그 결과물로써 조례제정으로 구체화 되어 나타날 것입니다. 현장을 살피기 전에 공부하고, 현장의 모습과 실질적인 주민 여러분의 이야기를 정리할 것이며, 다시 종합하여 사례를 찾겠습니다. 그리고 필요한 민원 해결을 위해 최선을 다하겠습니다. 또한 홍천군의 사무를 견제 감시하는 역할을 제대로 할 수 있도록 자료를 요구하고 정리하여 도정 질문에서 올바른 행정 방향을 제시할 것입니다.

 아울러 의회에서 일어난 회의내용들을 주민 누구나 간단하게 보실 수 있도록 간편화 작업으로 의원 홈페이지에 일목요연하게 공개하겠습니다. 이러한 과정에서 군수님의 책임 있는 정책추진에 대해서는 강력한 뒷받침이 될 수 있도록 힘을 더 해드리겠습니다. 격려와 응원을 드리지만, 불공정하고 나태한 행정이 있다면 확실하게 개선될 수 있도록 하겠습니다. 홍천주민 여러분의 가장 가까운 곳에서, 귀담아듣고 함께 방법을 찾는 머슴이 되겠습니다. 약하고 힘들어 아픈 우리 홍천주민 여러분을 위해 모든 역량과 힘을 쏟아붓겠습니다.

여러분이 만들어준 여러분의 충실한 배경이 되는 의원이 되겠습니다.
 감사합니다.

2022. 2. 18 최제현 올림

<예비후보 등록과 함께 발표한 출마선언문>

2

하루도 쉼 없이
백일동안 인사드리기

진심은 말보다 발걸음으로 전해집니다.
인사는 단순한 예의가 아니라, 마음의 약속이었습니다.

누가 알아주기를 바라며 시작한 것은 아니었습니다. 제 안의 의지는 그저 스스로 떳떳하고 싶다는 마음, 그리고 신인 정치인으로서의 정직한 열정을 보여주고 싶다는 바람이었을 뿐입니다. 저는 제가 가진 역량을 최대한 발휘해보고 싶었습니다. 그것에 부족함이 있든 없든, 오직 제가 가진 것을 모두 쏟아내고 싶었습니다. 예비 후보 등록을 마친 다음 날, 저는 선거일까지 남은 일수를 계산했습니다. 정확히 102일. 그 숫자가 제 가슴을 강하게 두드렸습니다. 마치 백일홍이 오랜 시간 피어나는 것처럼, 저 또한 쉼 없는 노력으로 유권자들 앞에 서야 한다는 직감이 들었습니다. 깊이 고심한 끝에 저는 유권자들 앞에서 한 가지를 약속했습니다. 터미널 사거리를 중심으로 눈이 오나, 비가 오나, 바람이 몰아치나, 하루도 빠짐없이 백일 동안 인사를 드리겠노라고. 그 약속을 지키는 것이야말로 저의 진정성을 증명하는 길이라고 믿었습니다. 대통령 선거 운동이 시작되기도 전, 이미 저는 터미널 사거리의 남자가 되어 있었습니다.

아침 5시 30분, 아직 해가 떠오르기 전의 어둠은 차갑고 두터웠습니다. 저는 매일 같은 자리에서 하루를 열었습니다. 오가는 차량의 불빛과 희미한 가로등 불빛이 저를 감싸주었고, 언 손을 비비며 펼쳐 든 피켓은 작은 등불처럼 흔들렸습니다. 지나가는 사람들은 처음에는 무심하였습니다. 하지만 시간이 흐르면서 눈길을 주기 시작하였고, 손을 흔들며 미소를 건네주는 분들이 생겨났습니다. 그것은 마치 꽃봉오리가 조심스럽게 피어나듯, 서서히 마음이 열리고 온기가 퍼져가는 과정이었습니다.

 동녘에 해가 떠오를 즈음, 새벽 공기를 가르며 인사를 나누는 순간은 군대 시절의 말뚝 근무와도 같았습니다. 끝없이 부모님이 그리웠고, 때로 외로움과 괴로움이 교차하였습니다. 그리고 그 속에서 묘한 뿌듯함이 느껴지기도 하였습니다. 누군가는 너무 무리한다며 걱정 어린 말을 건네주셨습니다. 그러나 비용 하나 들이지 않고 제 진심을 보여드릴 방법은 성실한 인사뿐이었습니다. 제가 드린 인사는 단순한 몸짓이 아니라, 제 진정성을 드러내는 살아 있는 언어였습니다. 백일 동안의 인사는 단순히 반복되는 행위가 아니었습니다. 그것은 한 송이 꽃이 시들지 않고 오랫동안 피어 있듯, 꺼지지 않는 열정이었습니다. 꽃은 제 몸과 마음의 은유였습니다. 찬 바람 속에서 피어나는 매화처럼, 저는 시련 속에서 꿋꿋하게 자리를 지켰습니다. 폭우가 쏟아져도, 눈발이 흩날려도, 다시 그 자리로 돌아와 서 있었습니다. 사람들에게는 한 순간 스쳐 지나가는 모습일지라도, 제게는 하루하루가 길고도 무거운 과정이었습니다.

 시간이 지날수록 저는 자각하게 되었습니다. 하루의 인사가 보여

열흘이 되고, 열흘이 쌓여 백일이 되듯, 작은 성실이 모여 커다란 신뢰를 이루어 간다는 사실을 말입니다. 제 인사를 받아주신 홍천군민 여러분은 따뜻한 격려와 응원으로 그 시간을 함께 채워주셨습니다. 손을 내밀어 악수해주신 분들, 차창을 열고 응원해주신 운전자들, "고생한다"는 한마디를 남기고 지나가던 어르신들. 그 모든 순간이 꽃잎처럼 쌓여 결국 하나의 꽃밭을 이루었습니다.

 백일 동안 선거에만 집중하며 허심탄회하게 여러 주민분을 만났습니다. 각자의 삶 속에서 땀 흘리며 살아가는 얼굴들을 보았고, 그들의 이야기 속에서 정치가 다루어야 할 진짜 삶의 무게를 느꼈습니다. 그것은 단순히 선거운동의 시간이 아니라, 배우고 깨닫는 학습의 과정이었습니다. 꽃은 보는 이에게 아름다움을 주지만 동시에 자신은 시들어 사라져갑니다. 민주주의 꽃이 선거라고 하지만, 저는 선거에서의 꽃이 되고 싶었던 것 같습니다. 돌이켜보면, 하루도 빠짐없이 지킨 그 약속은 단순한 선거 전략이 아니었습니다. 그것은 저 자신과의 약속이었습니다.

2월달의 새벽공기는 청량하고 신선하였습니다. 주민분들의 많은 응원과 격려에 감사드립니다.

3

함박눈 펑펑 내리던 아침
눈물의 의미

겨울의 눈이 때로는 희망의 싹을 틔우기도 합니다.
차가운 것은 하얀 세상이 있고 따뜻했던 건 마음이었습니다.

눈을 뜰 수 없을 정도로 함박눈이 내렸습니다. 그 사이로 희미하게 전조등을 켠 차들이 엉금엉금 지나갔고요. 그러더니 눈이 머리 위에 소복하게 꽃을 피우듯 쌓이기 시작하였습니다. 그리고 이마에 떨어지는 눈들이 아주 여유롭게 시간을 두고 주르르 눈썹을 타고 흘러내렸습니다. 겨울이라 바람은 차가웠습니다. 하지만 길거리에 한 시간을 넘게 서 있으면 뺨도 차갑게 되어 그런대로 적응도 되고 견딜 만해집니다. 그러다 생각에 잠깁니다.

'나는 어쩌다가 지금 이렇게 이곳에 서 있는 걸까.' 평소 한 번도 해보지 않았던 생각이 떠올랐습니다. 6천 5백만 년 전까지 무려 1억 5천만 년 동안이나 공룡들이 이 세상을 지배하였다는 사실. 상상조차 하기 어려운 긴 시대의 정복자가 이미 과거를 장식하였다는 것은 현재의 존재를 매우 겸손하게 만듭니다. 오늘날 지구 전체에 모든 주도권을 쥐고 있는 인류의 기원도 생각해봅니다. 인류의 직접 조상이라고 할 수 있는 호모 사피엔스가 약 30만 년 전 아프리카 전역에서 출현한 것으로 밝혀졌습니다. 그러나 지구의 역사가 약 45억 년이라고 한다면 정말이지, 눈 내리는 날 눈물이 쏟아질 듯한 감정으로 서 있는 저는 참으로 가엾고 매우 미약한 존재가 아닐 수 없습니다. 훗날 억겁의 시간이 지나면 지금의 우리 사람들이라는 존재가 어떻게 기억될까요. 만약 1억 년이 지난 후에도 인류가 지구의 최고 지배자로 지금처럼 살고 있을까요. 과학은 얼마나 발전하여 있을까요. 설마 그 먼 미래에도 저와 같은 사람이 무언의 메시지를 들고 서 있는 광경을 볼 수 있을까요. 이런 생각에 다다랐을 때 제 몸은 동태처럼 얼어가고 있었습니다.

 우리가 미래를 상상하는 것은 시간적인 제약이 따르게 되어 있습니다. 실제로 우리는 하루 후의 일도 정확하게 예측하지 못하는 경우가 많습니다. 하물며 수백 수천 년 후의 미래를 예측한다는 것은 무의미할지도 모릅니다. 좀 더 솔직하게 표현하자면, 우리는 우리 눈앞에 있는 단 하나의 사물을 보고도 전혀 다른 생각을 하고 엉뚱한 결과물로 표시하기도 합니다. 보고 싶은 것만 보게 되는 것은 자신의 관점에서만 바라보기 때문입니다. 게다가 세상은 눈에 보이는 것보다 보이지 않는 것들이 훨씬 더 많다는 사실을 깨닫기까지의 시간도 필요합니다. 저의 이런 생각이 머릿속을 휘감을 즈음, 미래 상상보다는 지난 역사에 대해 충실한 고찰을 하는 것이 더 낫겠다는 잠정적인 결론을 얻어냅니다. 인류의 역사라도 제대로 알아야겠다고 다짐합니다. 그러나 그것이 한순간에 쉽게 떠오르는 것만은 아닐 것입니다.

 제가 주로 해본 생각 중 한 가지는 우리 역사가 끊임없는 전쟁으로 매우 많은 사람이 희생되었다는 점입니다. 우리나라의 5천 년 역사도 가히 전쟁의 역사라고 해도 과언이 아닐 정도로 많은 전투가 있었다고 합니다. 피비린내 나는 잔혹함의 반복을 거듭하는 싸움. 조선시대 왜적에 저항하여 일어난 의병들의 전투만 해도 2천 회가 넘는다고 하니 놀라울 따름입니다. 그뿐만 아니라 전 세계의 국가들은 오늘날에도 자국의 이익을 위해 보이지 않는 총성의 전투를 하는 것과 같습니다. 이런 상황에 우리나라가 6.25 전쟁 이후로 모처럼 70년을 넘게 전쟁 없이 태평성대를 이루고 있다는 점은 참으로 감사한 일입니다. 그 행복한 시대의 일원이라는 것도 자랑스러운 일이란 생각이 듭니다. 물론 자세히 들여 보면 격랑의 시대가 여러 번 있었습니다. 크고 작은 사고와 희생도 빈번하게 있었습니다. 그렇지만, 적어도 외침으로 인한 전쟁은 없었으니 그것 하나만으로도 정말 고마운 일이라고 하겠습니다. 오랜 인류의 잔혹하고 처참한 역사 속에서 오늘날 우리가 이렇게 전쟁 없이 행복을 추구하며 살아갈 수 있다는 것이 큰 행운이란 점을 잊지 말아야 합니다. 감사하는 마음, 고마운 마음, 내가 이 땅에 서 있는 이유를 조금씩 알아갈수록 눈가에 물이 흘렀습니다. 그것은 함박눈이 녹은 것인지, 아니면 저의 눈에서 나오는 것인지 도무지 알 수 없었습니다.

홍천 터미널 사거리. 폭설이 내려도 100일 인사는 멈추지 않았습니다.

4

해 질 무렵
이슬비에 젖은 목소리

빗방울 속에 섞인 목소리는 진심의 울림이었습니다.
해가 져도 꺼지지 않는 열성의 불빛을 보았습니다

제가 부족한 인지도를 극복하고 정치적 소신과 정책들을 알리는 데에는 유세 연설이 매우 중요하다고 판단하였습니다. 그래서 유세차를 준비하는 과정부터 더욱 철저하게 하려는 노력이 있었습니다. 유세차의 겉은 이쁜 디자인으로 꾸미고 스피커는 연설 소리가 잘 전달되도록 구성되어야 했습니다.

 선거운동 시작하는 날부터 유세는 준비된 그대로 잘 진행되어 마지막 날까지 무난하게 마무리가 되었습니다. 하지만 아쉬운 점이 있다면, 기대만큼의 호응을 얻지 못하였다는 것입니다. 오랜 기간 연설을 준비하고 목이 쉬어 망가질 정도로 노력하였으나 현실은 호락호락 쉽지 않았습니다. 유권자분들은 어떤 이유에서인지 유세차를 보시면 도망가듯이 자리를 피하기 일쑤였습니다. 개인적으로 저를 그렇게나 부담스럽게 보실 리는 없으실 텐데, 선거철 후보들에게 거리를 두려는 심리 때문이었을까요. 하긴 국회의원이나 대통령선거를 치러도 유세차가 주민들을 찾아다니지, 주민들이 연설을 들으러 일부러 오려고는 잘하지 않습니다. 장날 시장 골목처럼 사람들이 운집하는 곳이 아니면 연설 들어줄 주민 찾기가 더 어려운 현실이기도 합니다. 그렇지만 청중이 몇 분 되지 않는다고 하여 멈춰질 저의 연설이 아니었습니다.

 연봉리의 어느 골목 마트 앞에서 하였던 연설이 기억에 남습니다.

매일 길거리 저녁 인사가 끝나면 선거 사무장이나 사무원들은 퇴근합니다. 그러면 홀로 남은 저는 다소 쓸쓸한 야간 연설을 줄곧 하였습니다. 물론 저녁 해 질 무렵이므로 음악을 지나치게 크게 틀거나, 목소리 역시 너무 크게 해서는 민폐가 되기 때문에 수시로 음량을 조절하여야 했습니다. 앞서 말씀드렸다시피 막상 유세 연설을 시작한다고 해서 청중들이 우르르 몰려와 이야기를 들어주지는 않습니다. 그저 먼 발치에서 시선을 돌리고 들어주는 경우가 대부분이라고 하겠습니다. 저는 평소처럼 주공 쪽을 돌고 연봉리에서 연설을 시작하였습니다. 그런데 평소와 다르게 남자분들 세 분이 유세차로 오셔서 악수를 청하며 '최제현 파이팅!'을 외쳐주셨습니다. 그날은 마침 부슬부슬 이슬비가 내리는 날이었습니다. 생각하기에 따라 운치 있는 날이기도 하고, 또 왠지 서글픈 분위기일 수도 있었을 것입니다. 혼자 하는 유세의 어려움 속에서 격한 응원을 받으니 제 마음도 크게 요동쳤습니다.

"감사합니다. 약속을 꼭 지키겠습니다."

출마하기를 잘했다는 생각이 들었습니다. 오래도록 좋은 추억이 될 것입니다.

이슬비가 내리던 날의 연설은 오래도록 기억에 남을 추억입니다.

유권자 여러분. 우리가 지방선거에서 의원들을 뽑는 일은 매우 중요한 사안 중 하나입니다. 진정 준비가 되어 있고, 실력을 갖춘 사람을 선별해내는 과정이 필요합니다. 기득권만 누리며 일은 하지 않고, 아예 무슨 일을 하는지조차도 알려주지 않는 잘못된 정치의 뿌리를 뽑아야 합니다.

주차 문제만 해도 그렇습니다. 우리 홍천은 인구는 적고 땅은 넓은 곳입니다. 그럼에도 장날이면 가뜩이나 좁은 길에 주차할 곳이 없어 물건을 사기도 어렵습니다. 이것이 정치가 잘못되어서 그런 것이란 것 모두가 알고 있습니다. 하다못해 도로 길바닥이라도 고르게 펴져 있어야 하지만, 울퉁불퉁 어쩐 일이지, 도대체 여러분들이 매일 지나가는 길은 제대로 정비조차 되어 있지 않고 있습니다.

누구 한 사람을 탓하고자 드리는 말씀이 아닙니다. 의원 한 사람 뽑아놓고 '알아서 하겠지'라고 해서는 안될 것입니다. 제대로 된 공약은 내놓았는지 실행 가능성은 있는지 상세하게 따져보셔야 합니다. 하지만 막상 유권자분들의 판단은 어렵습니다. 적어도 이번 선거에서는 반듯하게 균형 잡힌 저 최제현을 살펴봐 주십시오.

여러분들 함께 하겠습니다.
우리 지역구의 도의원이 얼마나 많은 것을 할 수 있는지 보여드리겠습니다. 도의원 하나 제대로 뽑았더니 우리 홍천이 얼마나 바뀔 수 있는지 보여드리겠습니다.

첫째, 지역 현안에 필요한 문제를 해결하기 위한 근거로 조례를 새로 만들고, 현실에 맞게 개정하며, 잘못된 것은 폐지하겠습니다.

둘째, 지자체의 예산이 제대로 편성되었는지 방향성과 상세한 내용이 적합한지를 심의하고 확정 시키겠습니다.

셋째, 우리 서민들의 청원이 어떻게 진행되고 고충은 잘 처리되는지 감시하겠습니다.

넷째, 행정사무 감사와 조사권을 발휘하여 행정이 제대로 이뤄지고 있는지 불합리한 부분은 개선되는지 철저하게 살펴보겠습니다. 공권력에 의하여 받은 피해로부터 가장 어려운 분들이 돈도 연줄이 없다는 이유만으로 불행해지지 않도록 하겠습니다.

누구도 우리의 홍천을 바꿔주지 않습니다. 우리 홍천을 바꿀 수 있는 사람은 오로지 우리들 뿐입니다. 유권자 여러분께서 투표장을 가시어 홍천을 바꿔주십시오. 홍천에 최제현이 있습니다. 반드시 홍천을 바꾸겠습니다.

2022. 5. 26 최제현올림

<아파트 단지 앞 연설문>

5
신선한 선거를 위한 시도
소들에게는 미안

새로움을 꿈꾸는 길에 실수가 있었습니다.
진심으로 미안한 마음을 가득 전달하고지 하였습니다.

청년 후보로 유일한 출마자였던 저는 선거운동의 방식에서도 좀 더 다르고 혁신적인 방법을 원했습니다. 그래서 두 번의 선거 모두 재미있는 영화 패러디를 비롯하여, 유튜브 영상을 제작하여 공유하는 데 성공하였습니다. 물론 그 모든 것은 캠프에서 늦은 시간까지 재능을 기부해준 후배들 덕분이었습니다. 특히 제가 30대 시절 사교육을 생업으로 삼고 있을 때, 함께 공부했던 제자들이 연을 잘 이어가 주어 그런 도움을 주었다는 점에 깊은 감사의 말씀을 전해 드리고 싶습니다.

선거운동의 혁신은 머릿속의 생각만으로는 결코 이뤄낼 수 있는 만만한 일이 아니었습니다. 일단 선거캠프를 꾸리기 위해 유능하면서도 성품이 좋은 분들을 영입해야 합니다. 즉, 함께 하면 득표에 도움이 많이 될만한 분들이 가장 좋다는 말인데, 아무리 훌륭한 분이 있다고 해도 현재의 생업과 직장 일을 그만두면서까지 도와달라고 할 수 없는 노릇이기에 곤란한 사항이 아닐 수 없습니다. 특히 캠프의 중심인 사무장의 영입이 선거운동의 절반은 차지하는 듯한 느낌이었습니다. 운 좋게도 두 선거 모두 흔쾌히 수락하여 주신 사무장을 모실 수 있었습니다. 그러나 후보자가 원하는 방향에 대해 완벽히 이해하고 실행해줄 사무장은 아마 이 세상에 없을 것입니다. 막상 후보가 되고 나면 마음도 몸도 정말 급하여 하루하루가 애가 탑니다. 조급함을 떨쳐버리고 정신 수양하는 기분으로 평정심을 유지하는 것 역시도 선거운동의 부분일 것입니다. 선거운동 기간은 황금처럼 귀중하므로 촌각을 다투듯이 신속하고 정확하게 활용해야 합니다. 그러한 연유로 사무장의 종합적인 판단과 결정이 매우 중요하며 그런 집중된 업무는 고스란히 스트레스로 다가서게 됩니다. 제 선거뿐만 아니라 국회의원 선거 또는 다른 지방선거를 할 때, 사무장이 스트레스로 인하여 며칠을 채우지 못하고 그만두어 버리는 경우도 보았습니다.

 캠프의 운영은 만만하게 생각하고 들어갔다가 울며 나오는 경우가 허다합니다. 갈길 바쁜 후보자에게 안정적이고 지혜로운 선거사무실 운영은 꼭 필요하다고 하겠습니다. 스트레스로 감정이 상하여 중도에 그만두기까지 할 정도의 부담을 한 사람에게 집중시키는 것은 정말 무리한 일입니다. 한마디로 지혜롭지 못한 처사입니다. 그런데 문제는 그 사실을 선거기간에는 성찰하여 살펴볼 여유가 없다는 점입니다. 그래서 미리 인적자원을 확보하여 캠프 운영을 준비하는 것이 아주 중요한 것입니다.

 그리고 선거캠프에서 가장 큰 불평이나 불만이 나오는 경우는 선거사무원들이라고 할 수 있겠습니다. 당연히 인원도 많고 땡볕의 길거리며 시장 골목까지 종일 걷고 또 걷기를 반복하므로 극한 직업이라고 할 만큼 힘든 일입니다. 그래서 저는 선거사무원분들에게 일단 마음을 사는 전략을 선택했습니다. 최대한 고생시키지 않으면서도 선거운동의 효율을 높이는 것이 큰 과제였습니다. 그리고 무엇보다 캠프 내에 구성원들에게 충분히 저의 역량과 자질을 알리고 그분들이 진심으로 응원하는 유권자가 되어 주시기를 희망하였습니다. 그리고 캠프 내에 기본적으로 간식 드시는 부분은 부족함이 없도록 신경을 좀 더 써달라는 요청도 하였습니다.

 앞서 말씀드린 대로 제 선거운동의 핵심은 유세 연설이었습니다. 선거사무원들과 지역 곳곳을 다니며 주민 여러분께 악수와 인사를 드리고 연설을 시작하였습니다. 주의해야 할 점도 있었는데, 관공서나 학교 주변은 연설을 삼가야 하고 지나갈 때 음악 소리도 최대한 낮춰야 합니다. 공무 또는 공부로 힘든 분들에게 선거철 수많은 선거차 음악 소리가 이만저만 듣기 싫은 것이 아닐 것입니다. 13일 동안의 짧은 기간이지만, 주민분들의 입장에서는 정말 심하게 짜증스럽고 성가신 선거 스트레스가 되실 수 있을 것입니다. 말로는 주민을 위한다면서도, 선거운동 과정에서의 소음과 과도한 행동들이 주민들을 괴롭히는 기이한 현상은 우리나라 선거판의 역설인 것 같습니다.
 선거운동 중 선거로고송 음악에 대한 에피소드도 있었습니다. 선거구 외곽 지역을 순회하며 유세 연설을 한창 진행하고 있는데, 다급한 전화가 한 통 걸려 온 것이죠.

"지금 당장 유세차의 음악과 마이크 소리를 아주 작게 줄여주세요!"

 상세한 내용을 듣고 보니 댄스풍의 선거로고송 음악이 원인이었습니다. 차분한 우사 속에 있는 소들에게 강한 비트의 음악 소리가 큰 불안감을 주었던 것입니다. 시끄러운 소리에 경련을 일으키고 심리적으로도 큰 상처를 준다는 민원이었습니다. 어쩐지 우사를 지나가면 소들이 리듬을 타는 것처럼 움직임이곤 하였습니다. 소들도 음악에 맞춰 고개를 흔들며 춤을 추어 신기하다고 생각하였는데, 실상은 춤이 아니라 깜짝 놀라서 움직였던 모양이었습니다. 사실을 알고 난 후 각별한 주의를 기울였습니다. 특히 학교, 관공서, 주택가, 농장 등의 지역에는 최대한 음악 소리를 최저로 줄이며 지나갔습니다. 정말 죄송스러운 마음이 들었습니다.

후배들이 정성껏 만들어준 투표 독려 패러디입니다. 감사드립니다.

6
험난한 길 끝에 남은 감사한 마음

감사로 끝맺는 길은 언제나 아름답습니다.
모든 어려움이 우리를 너욱 단단하게 빚어줍니다.

선거라는 길에 들어서면 후보 누구나 예상보다 훨씬 많은 자금과 시간이 들어갑니다. 그 과정에서 치러야 할 기회비용은 헤아리기 어려울 만큼 크고, 때로는 모욕적인 처사와 억울한 누명을 견뎌야 하기도 합니다. 저 역시 선거 과정에서 그 냉혹한 현실을 직접 마주했습니다. 지긋한 나이에 점잖게 살아가시던 분이 경선 과정에서 특정 후보의 편이 되어, 뒤에서 엄청난 가짜뉴스와 험담을 퍼뜨리는 것을 당한 적도 있습니다. 또 어떤 분은 처음부터 악의를 품고 다가와, 아무렇지 않은 질문을 슬쩍 던진 뒤 제가 '예'라고 대답하자마자 그것을 확대해석하여 악의적으로 소문을 퍼뜨렸습니다. 그럴 때마다 화가 나기보다는 '어찌 저렇게까지 할 수 있을까?'라는 사람에 대한 실망감이 제 마음을 더 크게 지배했습니다. 하지만 그런 마타도어식 삼류정치에 맞서 싸우다 보면, 결국 상처받고 아파하는 것은 저였습니다.

선거에서 패하고 나면, 언제 그랬냐는 듯 호의를 보이던 이들이 서서히 곁을 떠나가는 모습을 목격하게 됩니다. 예로부터 권세의 덧없음을 두고 "정승 집 개가 죽으면 문상객이 넘쳐나지만, 정작 정승이 죽으면 찾아오는 이가 없다"라는 말이 있습니다. 그 말은 오늘날 선거판에도 고스란히 적용되는 듯합니다. 그렇지만 저는 그 모든 고생과 희생이 아깝다고 생각하지 않습니다. 오히려 뜻을 실천할 기회를 얻지 못한 아쉬움이 제 가슴속에 깊게 자리 잡고 있을 뿐입니다. 선거에 패하였지만, 제 인생은 실패했다고는 생각하지 않기 때문입니다.

 다만 한 가지 늘 마음에 걸리는 것은, 저의 낙선이 저를 도와주신 분들께 부끄러움과 후회로 남지는 않을까 하는 죄송한 마음입니다. 사실 선거는 혼자 치를 수 있는 싸움이 아닙니다. 가족을 비롯해 의원님, 사무장님, 회계책임자님, 유세단장님, 선거사무원님, 그리고 선후배와 친구들까지 여러분의 노고와 헌신이 함께했습니다. 그 덕분에 저는 선거에서도 행복한 시간을 누릴 수 있었고, 늘 감사한 마음을 품을 수 있었습니다. 특히 두 번째 출마는 정당조차 없이 혈혈단신으로 나서야 했던 막막한 길이었는데, 그 길 위에도 함께 해주신 분들이 계셨다는 사실이 제게는 무엇보다 큰 보람이었습니다.

 두 번의 낙선을 통해 제가 깨달은 것은 특별한 것이 아닙니다. 다만, 아무리 평소에 좋은 관계를 맺고 지내던 사람이라 하더라도 정작 내가 어려울 때 도와주지 않는다면, 결코 진정한 좋은 사람이 아니라는 점입니다. 잘 나갈 때 곁에 머무는 일은 누구나 할 수 있습니다. 그러나 내가 힘들고 지칠 때 곁에서 어깨를 토닥이며 묵묵히 함께 걸어주는 사람이야말로 진짜 '나의 사람'입니다. 살아가면서 진정한 동지를 만난다는 것은 결코 쉬운 일이 아닙니다. 인성이 좋은 사람을 만나기도 어렵고, 내가 그 사람에게 진심으로 베풀어 주는 것 또한 쉽지 않습니다. 그렇기에 저는 선거 경험을 통해, 결과가 뻔히 어려울 것이라 여겨지는 상황 속에서도 제 손을 잡아주고 격려해주신 분들을 더욱 소중히 여기게 되었습니다. 그 은혜는 결코 잊을 수 없으며, 언젠가 반드시 보답할 수 있는 날이 오기를 소망합니다.

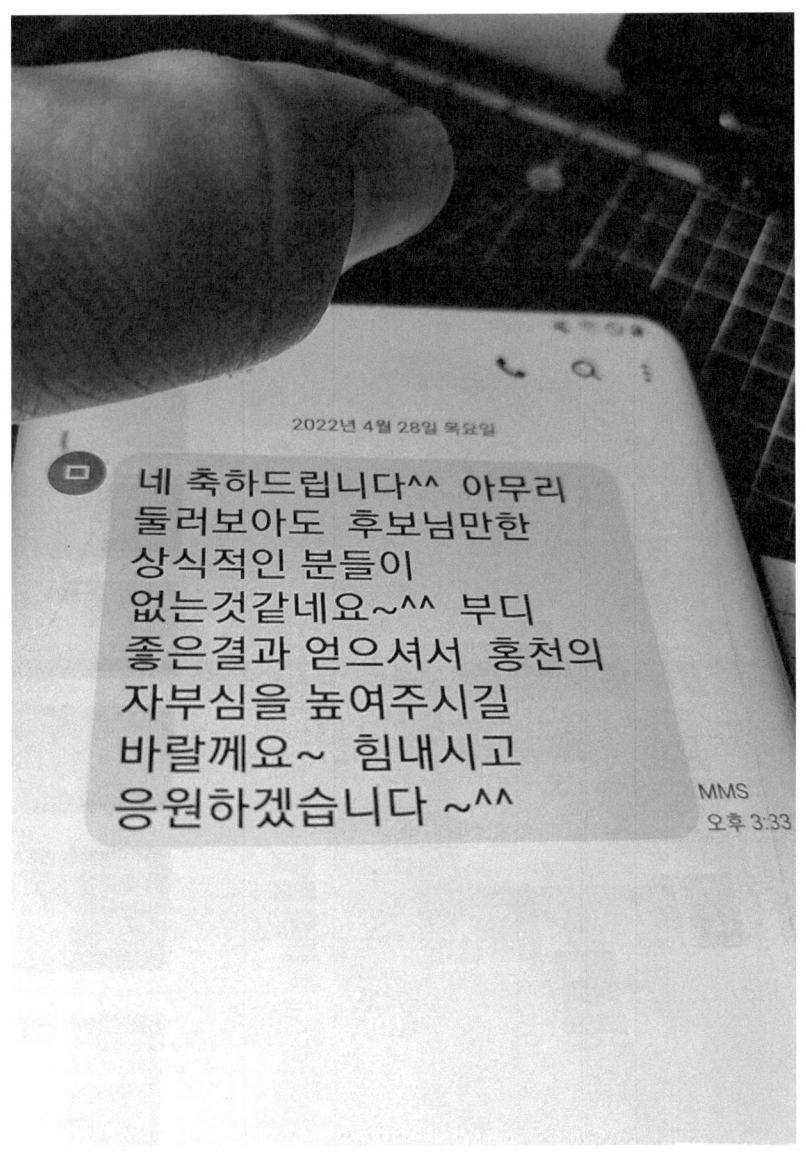

누군가 보내주신 응원 메시지가 큰 힘을 주셨습니다.

3

최제현이 지키고 싶었던 약속

1
울퉁불퉁 길거리는
제발 그만
이용자 중심으로

사람을 위한 길, 그것이 진짜 도로입니다.
편리함은 설계가 아니라 하고자 하는 의지에서 시작됩니다.

우리 홍천지역은 길을 걷다가 미끄러지거나 걸려 넘어져 크게 다치는 경우가 상당히 많이 있습니다. 특히 여름 장마철이나 겨울에 그늘 빙판길 등이 생기면 어르신뿐만 아니라 젊은 사람들도 잘 넘어집니다. 게다가 도로의 표면은 또 어떻습니까? 운전해보시는 분들은 아시겠지만, 으뜸 도시 홍천이라는 말이 무색하게 골목골목의 도로는 누더기처럼 되어 방치된 경우가 많이 있습니다. 결국 그 피해는 지역 주민들께서 다 받는 것이겠죠. 저는 이 점을 개선하겠다고 약속드린 바 있습니다.

 우리나라의 도로는 그 종류가 다양합니다. 등급에 따라 고속국도와 일반국도가 있고, 지방도와 시, 군, 구도로 구분합니다. 우리 홍천군 지역은 도로법 제23조에 의거 하여 일반국도는 국토교통부 장관이 지방국토관리청에 위임하여 도로관리를 하고 있습니다. 그리고 도로관리청은 도로의 개설부터 유지와 관리까지 일관된 책임을 다하도록 도로를 개설할 책임과 관리할 책임까지 동시에 부여받고 있습니다. 물론 예산에 따른 재정 능력에 차이가 지역마다 있다고 하겠습니다.

 결론적으로 말씀드리면, 우리 홍천군 지역의 일반국도에 대해서는 원주지방국토관리청 소속 홍천국토관리사무소가 5년마다 도로의 건설 및 도로의 유지관리를 위해 도로관리 계획을 수립하고,

이를 근거로 재정을 부담하게 되어 있습니다. 또한 도로망의 확충과 정비뿐만 아니라 적정한 도로관리를 위한 유지, 관리할 업무도 하고 있습니다. 군도의 경우는 당연히 군수의 재량으로 도로의 관리, 보수가 가능한 것이고요. 따라서 우리 지역의 울퉁불퉁한 도로와 근시안적인 땜질식의 보수는 좀 더 정치적으로 풀어주어야 할 일이라고 여겨집니다.

무엇보다 도로 정비의 핵심은 예산의 확보가 관건일 것입니다. 그러나 그 바탕에 더욱 중요한 것은 많은 사람이 공감할 수 있는 이용자 중심의 도로 정비가 아주 중요하다는 인식의 변화일 것입니다. 연말이면 예산소진을 위한다는 명목으로 멀쩡한 보도블록을 교체하는 모습이 많은 비판을 받고 있습니다. 그런 현실 속에서 평소 제대로 된 도로를 주민들을 위해 관리하는 것은 공기관의 책무이기도 할 것입니다.

이런 부분과 관련하여 도로 정비에 대한 저의 약속은 네 가지로 축약되었습니다.

첫째, 걷기에 힘없고 불편한 노약자와 장애인들도 넘어질 걱정 없이 다닐 수 있는 보행자 중심의 편안한 인도길 정비를 유도하여 주민 여러분의 만족도를 높이겠습니다.

둘째, 덜컹거리고 높낮이가 제각각인 맨홀의 높이차를 일정하게 유지하도록 하고, 도로의 폭을 잡아먹는 방해물 제거에도 신경 쓰겠습니다.

셋째, 초행자들도 쉽게 길을 찾을 수 있도록 홍천 전통시장을 중심으로 일방통행 등과 같은 안내표지를 더 잘 보이도록 신설하도록 하겠습니다. 그리고 도로 바닥에 연두색과 분홍색 등으로 통행 표시를 쉽게 이해하도록 개선하겠습니다.

넷째, 전국적으로 시행되고 있는 학교 앞 속도 제한 카메라 설정이 개선되도록 노력하겠습니다. 현재의 속도 제한 설정의 취지는 충분히 이해하지만, 학교 앞이라고 해도 전혀 학생들이 없는 시간대나 불필요한 상황 등을 고려하여 운전자들에게도 합리적인 조정안을 마련하겠습니다.

이미 선거는 지났지만, 이런 이용자 중심의 도로 정비는 미룰 수 없는 주민복지의 한 부분으로 인식되어야 할 것입니다. 매일 걷고 자동차를 운행하는 우리의 터전을 안전하고 깨끗하게 관리하는 일이기 때문입니다. 또한 관계기관만을 탓하지 말고 그 노력은 인정하되 좀 더 개선되도록 소통하여 대안 마련에 집중해야 할 것입니다. 그리고 무엇보다 중요한 것은 주민 여러분의 불편과 고충을 현장감 있게 수렴하는 정치인들의 태도라고 생각합니다. 의견제공과 여론을 포함한 민원에 항시 귀 기울여야 할 것입니다.

울퉁불퉁한 거리를 정비하는 일은 매우 시급하고 중요한 사안입니다.

2

홍천강 따라 보고 즐길 수 있는 테마공원

강이 흐르는 곳마다 사람의 웃음이 피어납니다.
자연과 사람이 함께 쉬어가는 홍천이 곧 행복입니다.

그동안 홍천의 많은 지자체 단체장들이 홍천강에 대한 변화를 생각해 왔습니다. 그리고 지역 주민들도 홍천강을 홍천의 터전으로 생각하고 보존과 개발이라는 두 영역을 동시에 조화롭게 발전시키는 방안들을 함께 고민하였습니다. 저 역시 홍천의 대표적인 장소는 홍천강이라고 생각합니다. 그러나 많은 논의와 과정이 있었지만, 홍천강이 막상 새로워진 것은 예나 지금이나 그다지 없어 보입니다. 이유는 무엇 때문일까요.

 홍천강이 천혜의 자원이라는 점은 모두 공감합니다. 그런데 지역 정치가 정파를 나누어 이뤄지는 경향이 있다 보니 폐해랄까 부작용도 발생합니다. 즉 반대 정파가 추진하던 정책을 반대 정파라는 이유로 반대하여 지역의 현안에 대해 연속적인 정책수행으로 이어지지 못하는 문제의 원인이 되기도 합니다. 이미 홍천강에 대해 권역을 나눠 개발하고 주민들과 친화적인 환경을 조성하자는 논의는 여러 차례 있었습니다. 그리고 관광, 생태, 레저 등의 충분한 아이디어도 있었습니다. 그러나 문제는 실제로 주민들의 의견을 반영하고 미래비전을 제시하며 계획하고 실천해 나가는 실행 능력이 부족하다는 데에 있습니다.
 홍천의 고령화와 인구감소의 대안으로 홍천강 프로젝트를 생각해보았습니다. 젊은 사람들이 정주하도록 여건을 만들면 가장 좋겠지만, 그렇지 못하더라도 최소한 주말에 많은 사람이 찾아올 수 있도록 하는 환경을 조성하는 방법은 충분히 있을 것입니다. 홍천강이 서울의 한강공원처럼 만들어진다면 가능한 일입니다.

 첫째, 홍천 읍내를 지나는 홍천강 주변의 그 넓은 공간을 콘크리트 바닥으로 방치한 채로 주차장으로만 쓴다는 것은 큰 낭비입니다. 주차 공간은 공간대로 계획적이고 합리적으로 마련할 수 있으므로 다양한 테마를 두어 공원화 시켜야 합니다. 제가 약속하였던 '홍천강 따라 테마공원'은 문화와 예술, 생태숲을 이어가는 장소를 의미하였습니다.

 둘째, 이제 홍천사람들에게 홍천강은 그저 흐르는 강물만 바라만 보는 곳으로 멈춰서는 안될 것입니다. 도시와의 소득격차는 나더라도 결코 홍천에서의 환경이 도시공원보다 낙후되는 것은 용납할 수 없습니다. 도심의 직장인들이 꿈꾸는 전원의 풍경 조성이 가능합니다. 가장 아름답고 자연 친화적인 곳이 바로 홍천강이 될 것입니다.

 셋째, 아이들이 마음껏 뛰어놀 수 있고, 반려동물들과 산책을 할 수 있는 곳이 홍천강에 마련되어야 합니다. 또한 멋진 홍천의 강변을 따라 친환경 휴게시설을 운영하면 큰 호응을 얻을 것으로 생각하였습니다. 물론 민간 사업자의 영역을 지원하고, 홍천군과 공동

관리를 유도하는 것도 중요합니다. 우리의 강과 환경을 우리 스스로가 책임 있게 관리하는 모습은 찾아오는 손님들에게도 만족도를 높여줄 것이기 때문입니다.

 홍천강의 비전을 명확히 하고 정책을 추진하여 나간다면 홍천강이 우리 지역에 어려움들을 극복해 나갈 수 있는 큰 밑바탕이 될 것입니다. 홍천강의 활용방안에 대한 구체적인 방안들은 후반부에 다시 말씀드리겠습니다.

홍친강 주변으로 덮여있는 콘크리트 주차장을 대신하여 주민들이 이용할 수 있는 다양한 친환경 복합공간 조성이 필요합니다.

3

가장 시급한 지역 경기 활성화 함께 풀어가기

경제는 혼자 풀어서 해결되는 문제가 아닙니다.
우리가 머리를 맞대고 함께 하면 지역은 살아납니다.

우리 지역 경제 활성화를 위한 방안들도 매우 많은 논의가 있었고 기존의 정책들도 있었습니다. 생각해보면, 그 어떤 정치인이 지역의 경기를 부양하고 살림살이가 나아지는 길에 대해서 소홀히 다룰 수가 있겠습니까. 경기 활성화는 피할 수 없는 당면 과제였습니다. 그러나 아쉽게도 우리 지역의 경기가 활성화되어 정말 만족스럽다는 사람들은 거의 없는 듯합니다. 만족이란 말보다는 어느 정도 정책 현황에 대해 이해가 간다고 말하는 이들도 많지 않은 것이 현실입니다.

 우리 지역의 특색에 맞는 산업을 육성하고 경쟁력을 강화해야 한다는 명제는 충분히 공감합니다. 그렇지만 이런 과제가 난관에 부딪혀 좌절되는 이유에 대해서도 짚고 넘어가야 한다고 생각합니다. 홍천 경기 침체의 근본적인 원인은 어디에서부터 찾을 수 있을까요.

 먼저 단골손님 '철도'를 꺼내지 않을 수 없습니다. 홍천지역은 철도가 아직도 없는 곳으로 철도관광 인프라를 구축할 수 없다는 큰 약점을 지니고 있습니다. 경기 양평군의 용문면과 비교하여 보면 극명하게 차이점을 알 수 있습니다. 용문면은 용문역을 중심으로 상권이 상설시장부터 용문사 관광지까지가 잘 연계되어 상업적으로 크게 번성하고 있습니다. 반면 홍천의 상권은 날이 갈수록 악순환을 거듭하여 한계점까지 도달하였다는 평가도 있습니다. 새로운 돌파구를 찾고자 노력을 기울이고 있지만 쉽지 않은 상황입니다. 홍천역의 건설은 홍천 경제를 이끌 수 있는 매우 중요한 사안이라는 점에 저 역시 공감하고 공약을 제시하였습니다.

 다음으로 홍천 경제의 활성화를 위해 유수의 기업이 자리 잡도록 유치하는 것이 필요합니다. 일단 기업이 투자할 수 있는 환경을 먼저 조성해 놓는 것이 우선되어야 합니다. 기업이 현실적으로 정착할 수 있도록 도와주는 구체적인 조례안을 개정하고 기업 유치를 전담하는 부서 등을 좀 더 보충하여 강화하는 일도 중요하고요. 그러나 한편으로 그보다 더 선행되어야 할 문제는 공감대의 형성 과정이라고 여겨집니다. 행정공무원의 능력에 의존하여 기업 유치가 그렇게 단순하게 되는 일이 아니기 때문입니다. 우리 지역사회에서도 홍천이 앞으로 나아가느냐, 그대로 물러서느냐를 가름하는 중요한 사안이라는 점을 명확하게 인식해야 합니다. 기업은 충분한 투자의 가치가 있다는 판단과 군침 당기는 조건들이 있다면 움직일 것입니다. 홍천이 매력적인 조건을 제시하지 못한다면, 어떠한 기업도 홍천에 공장과 창고를 짓고 사무실을 내어 일자리 창출과 지역 경기를 부양해주려 하지 않을 것입니다.

 기업이 홍천에 투자하도록 만들기 위해 우선 필요한 것은 교통의 인프라일 것입니다. 공항이나 고속도로와 다르게 오히려 현실직으로 가장 효율적이면서 가능한 것은 철도의 건설일 것입니다. 노돌

이표처럼 홍천철도가 다시 매우 중요하게 대두되는 이유입니다. 또한 홍천강에 이어 철도 문제 해결방안을 후술해야 하는 까닭이기도 합니다. 여하튼 지금으로서는 철도가 없는 현실을 인정하여야 합니다. 그래도 다행인 것은 홍천이 고속도로로 동서울까지 1시간 이내의 접근성이 있다는 점일 것입니다. 한편으로 기업의 물류창고와 터미널 같은 시설을 운영하기에도 홍천의 토지가격은 경기 지역 보다는 상대적으로 저렴할 것입니다. 대규모의 산업단지가 자연스럽게 조성되기 위해서는 결국 지대와 물류비용이 경쟁력을 갖춰야 하므로 홍천은 기본적으로 기업 유치에 불리하지 않은 조건이라고 할 수 있겠습니다. 게다가 전기와 가스, 물의 공급도 원활한 편이겠고요. 이에 홍천군 행정도 조세와 지원 등의 항목을 주민들의 응원에 힘입어 대폭 확대하여 기업에 제시할 필요가 있습니다. 또한 허가 절차를 간소화 시켜주는 방안도 함께 따라가야겠고요. 많은 부분이 결국 돈과 시간의 문제로 귀결되는 것은 자본주의 논리의 자연스러운 흐름이라고 보아야 할 것입니다. 또한 기업의 유치가 장기적으로 홍천의 경제에 버팀목이 된다는 인식을 바탕으로 주민들의 전폭적인 지지도 필요할 것입니다. 계획적인 기업의 유치와 지원은 무분별한 환경오염을 규제할 수 있는 가장 적극적인 방법이 될 것입니다. 아울러 쾌적한 친환경의 홍천 이미지가 큰 매력으로 작용하도록 해야 할 것입니다. 이제 기업 유치에 대해 홍천군 행정과 정치의 전폭적인 실행 능력이 필요한 때입니다.

홍천 역시 지역 활성화를 위한 다양한 정책들을 만들고 시행해야 합니다.

4
섬세하고 특성화된 학교 다양성과 전문성으로

아이의 다름은 세상의 가능성입니다.
한 사람 한 사람의 빛이 모여 미래를 만들어갈 수 있습니다.

장애인에 대한 저의 약속은 장애인과 그 가족 여러분들과의 간담회에서 많은 아이디어를 얻어 이뤄지게 되었습니다. 결코 장애인이니까 불쌍하다는 식의 연민으로 정책을 펼치려는 생각이 아닙니다. 같은 권리를 가진 동등한 입장에서 당연히 해야 할 필요에 의한 것입니다. 사실 지방정치에서 활동하는 정치인들의 장애인 외면과 무관심이 심각한 상황입니다. 취약계층이 소외되는 정치는 바로 잡아야 합니다. 간담회에 참석하셨던 부모님들과 선생님들의 기대를 저버릴 수 없었습니다. 저는 적어도 장애인이 우리 사회의 한 구성원으로서 평등한 권리를 똑같이 누릴 수 있어야 하는 것에 일조할 것이며, 지원을 아끼지 않을 생각입니다. 장애인이라는 이유로 사회적인 권리에 제약이 따를 수 없는 것입니다. 특히 삶의 질적인 부분이 중요합니다. 그런 면에서 여러 가지 생각을 말씀드렸습니다.

먼저 장애인에 대한 사려 깊은 관심이 있어야겠습니다. 꾸준히 장애인 단체와 소통하고 간담회와 같은 불편 사항을 무겁지 않게 표현할 수 있는 자리를 정기적으로 만들어야 할 것입니다. 일종의 접근과 소통은 정치의 기본이기도 하지만, 특히 이동의 제약이 큰 장애인에게는 더욱 깊은 배려가 있어야 할 것입니다.

앞서 말씀드린 바 있지만, 도로변이 울퉁불퉁한 것을 방치하지 말아야 하는 이유가 장애인에 대한 이동을 돕는 측면에서도 필요할 것입니다. 우리 지역의 모든 보도를 다 할 수는 없어도 최소한 휠체어를 끌고 다닐 수 있을 정도의 길 정비는 꼭 필요한 것입니다. 모두에게 유리한 정책에 반대할 이유가 없을 것으로 여겨집니다.

 다음으로 일반 학교 내 장애인 학생 지원을 좀 더 확충하여 의무교육을 받는 데 어려움이 없도록 해야 할 것입니다. 지역의 통합 또는 폐교된 학교들을 적극적으로 활용하여 장애인 특수학교를 설립하는 것도 필요할 것입니다. 이는 교육예산의 쓰임이 쓸데없이 낭비된다는 비난에서 벗어나는 방법이기도 합니다. 즉, 시설보수라는 명목으로 일반 사람들에게는 이해가 가지 않을 만큼 지나치게 예산을 소모하지 말고 장애인 학생에 대한 투자로 연계하는 것이 바람직할 것입니다. 또한 청소년 장애인 학생들 외에도 성인 장애인을 대상으로 하는 평생 교육의 프로그램도 확대되어야 할 것입니다.

또한 장애인복지관의 봉사자들에게도 지역 상점 쿠폰과 같은 단순한 자긍심 외에도 실질적으로 도움이 될 수 있는 순환시스템을 계발해 보는 것도 좋을 듯합니다. 그리고 장애인 거주지가 신체와 정신의 어려움으로 정리와 청소가 취약한 경우가 많이 있습니다. 주거 환경 개선을 하여 위생적일 수 있도록 좀 더 적극적으로 도와야 할 것입니다. 또한 장애인 가족 돌봄 기관에 지원을 지속 확충하고 전문화를 유도하여 우리 지역의 높은 장애인 복지 수준을 유지하는 것이 목표가 되어야 할 것입니다. 영화 관람 등의 문화생활과 스포츠 프로그램 운영도 좀 더 늘려야겠습니다.

어머니께서 뇌성마비가 있는 아들을 업고 계단을 오릅니다. 홍천군 장애인 부모회 사무실 긴물은 아직도 승강기가 마련되어 있지 않습니다. <출처: 한국장애인부모회 홍천군지부>

5

결혼과 출산의 어려움
경청부터 다시

잘 듣기만 해도 보이는 것이 있습니다.
함께 듣고 함께 웃으며 귀 기울일 때 희망은 생겨납니다.

출산 장려로 인구를 늘려야 한다는 말은 쉽지만, 막상 그 해답을 찾기는 쉽지 않을 것입니다. 이는 국가적인 문제입니다. 정부가 이 문제를 해결하기 위해 그동안 200조 원을 넘게 썼다지만 별로 효과가 나타나지 않습니다. 그만큼 어렵다는 말일 것입니다. 그리고 매우 심각한 일이기도 합니다. 결혼과 출산, 온 국민이 함께 지혜를 모아 풀어야 할 과제. 그렇다면 도대체 왜 젊은 세대들은 결혼도 미루고 아이도 낳지 않으려 하는지 먼저 주요 원인을 찾아봐야 하겠습니다.

일단 요즘 세대는 경제적인 부담을 가장 중요하게 여깁니다. 우리나라의 경제가 세계적으로도 상위수준까지 이르렀다고는 하지만 기본적인 주거와 아이들 학비 부담은 그렇지 않습니다. 결혼하여 사는 집만 해도 기본적으로 아파트 한 채 정도는 가지고 출발하려 하는데 현실은 그리 녹록하지 않습니다. 가뜩이나 집값이 비싼 우리나라에서 그간 여러 해에 걸쳐 부동산이 천정부지로 몇 배씩 오른 것은 가히 충격적인 일이라고 하겠습니다. 공신력 있는 '부동산114'에 따르면 2025년 현재 서울 아파트 평균 가격이 약 13억 원이라고 합니다. 20대 남녀가 결혼하여 맞벌이로 죽어라 모아도 한 달 평균 500만 원 저축하기가 쉽지 않을 것입니다. 매우 어려운 일이지만 만약 그렇게 모은다고 해도 아파트 한 채를 구매하기 위해 20년이 넘게 걸린다는 소리입니다. 사실상 서울과 수도권의 아파트를 자력으로 구매할 수 있는 신혼부부는 소수에 불과하고, 부모의 도움이나 매우 큰 액수로 대출만이 가능한 방법이란 말입니다. 사회변화는 급격하게 일어나지만 그래도 집이 있어야 살고 아이들 학교를 보내야 하는데 불어나는 교육비마저 큰 부담이니 오히려 이런 환경 속에서 결혼하고 아이 낳고 사는 것이 더 부자연스러워 보일 수도 있겠습니다. 여기서 주의할 점은 '과거에는 반지하에 단칸방부터 시작했는데 요즘 젊은이들은 너무 쉽게만 가려고 해' 이러시면 대화는 단절된다는 것입니다. 무엇보다 현실의 벽에 부딪힌 젊은 세대들을 이해하는 것에서 문제의 해결을 찾아야 할 것입니다.

다음으로 직업에 대한 불안정이 큰 문제입니다. 베이비부머 세대와 달리 요즘 젊은 세대는 고용이 매우 불안정합니다. 일례로 과거에는 하나의 직장에서 평생을 일하고 퇴직하는 경우가 많았지만, 근래에는 공무원이나 대기업 종사자 외에는 그런 경우가 훨씬 줄어들었습니다. 따라서 청년층의 비정규직 숫자는 무시할 수 없을 정도로 많아졌습니다. 그러다 보니 결혼하여 저축할 만큼의 소득을 얻는 직업군도 제한적입니다. 전국의 일자리를 볼 수 있는 '고용24' 채용정보를 보면, 월 250만 원 미만 최저임금의 일자리가 대다수라는 것이 이를 증명합니다. 기득권이 아닌 이상 결혼하고 아이 낳고 살기가 결코 쉬운 환경이 아닙니다.

그리고 여성의 생각 변화도 큰 요인으로 여겨집니다. 과거의 여성들은 시집을 가면, 그저 운명이려니 하면서 일하고 아이 낳아 키우고 희생하였습니다. 우리 할머니가 그러셨고 우리 어머니도 그러셨습니다. 하지만 요즘 세대의 여성들은 다릅니다. 결혼하여도 직장을 그만두려 하지 않는 경우가 더 많습니다. 경력 단절도 우려되겠지만 경제적인 수입원을 포기할 수 없어서 일 것입니다. 그런 상황에서 도대체 아이는 누가 낳고 또 누가 키워준단 말입니까. 자연스럽게 할머니와 할아버지가 아이 돌보미로 변신하는 현상이 일어나는 원인입니다. 더 이상 요즘 세대의 여성들에게 가족들을 위해 희생을 하라고 할 수도 없는 노릇입니다. 여성들이 모질고 나빠서가 아니라 오늘날의 현실이 그런 것입니다. 이러한 여성들의 가치관은 앞으로도 더욱 빠르게 변화되어 나갈 것으로 예상됩니다. 결혼은 필수가 아닌 선택이고, 아이 역시 마찬가지로 누구도 강요할 수 없는 여성들의 자율 의지에 맡겨질 것입니다. 과거 일손이 부족하여 아이들을 많이 낳아야 했던 농경사회는 이미 끝난 지 오래된 것입니다. 절대로 '라떼는 말이야'로 풀 수 있는 문제가 아닙니다.

또한 요즘 세대는 과거와 다르게 효도의 개념이 희박하고 부모님을 봉양해야 한다는 관념도 약한 것을 인정해야 합니다. 또한 결혼하여 아이를 낳아도 훗날 그 아이들이 자신들을 위해 노년에 경제적인 부분을 책임져줄 것이란 기대는 아예 하지도 않을 것입니다.

이렇듯 자식을 바라보는 가치관이 크게 달라진 것입니다. 젊은 세대들은 과거와 비교하여 확연하게 이기적이어서 부모의 인생은 부모의 것이고, 자신들의 인생은 자신의 것이라 여기고 있습니다. 부모님이 자녀에게 결혼을 종용하여도 소용없는 세상이 된 것입니다.

 그런데 과연 이런 젊은 세대들이 일시적인 출산 장려금이나 수당을 준다고 하여 낳지 않으려던 아이를 더 낳으려고 할까요. 어차피 낳은 아이들에 대한 지원을 받으면 좋은 일이겠지만, 쏟아부은 예산에 비해 출산 장려의 효과가 미비하다는 것은 이미 증명된 것이나 마찬가지일 것입니다.

 그렇다면 원인에 따라 대안을 모색할 수 있겠는데요.
 첫째는 거주할 집의 마련을 돕는 것이겠죠. 많은 정책이 신혼부부들을 위한 금융이나 주택 마련에 도움을 이미 주고 있으니, 장기적으로 추진하여야 효과도 나타날 것입니다. 다만 안타까운 것은 공산주의 사회가 아닌 이상 이미 올라버린 아파트 가격을 강압적으로 내릴 수도 없고, 과거 수준으로 복원할 수도 없는 노릇입니다. 어떠한 명목으로 국가가 부동산 시장에 개입을 하였다고 해도 투기 세력돌이 몰려들어 정책을 악용하고 기득권들이 자신들의 이권만을 노리고 접근한다면 정책 실패는 불 보듯 뻔한 것입니다.

둘째는 책임감 있고 유능한 능력의 행정과 정치가 함께 이뤄져야 합니다. 그리고 막상 당사자인 젊은 세대들은 관심도 없는 정책과 공약을 남발하는 사태는 정말 유감입니다. 선거철이 되면 지키지도 않을 선심성 공약이 남발하지 않도록 사전 검증도 필요하겠고 무엇보다 유권자들의 날카로운 비판도 있어야겠습니다. 특히 소수의 사람 의지에 따라서 국가 정책이 함부로 바뀌어서도 곤란합니다. 앞서 말씀드린 부동산정책의 실패는 그 분야의 전문가들과 지혜를 모아 결정했다면 그 문제를 최소화할 수 있었을 것입니다. 잘못된 경제정책은 되돌릴 수 없을 만큼 타격이 크기 때문입니다. 무능한 정치가 만들어 낸 최악의 부동산정책 실패가 다시는 재발되지 않기를 바랍니다. 그리고 천문학적인 예산을 출산 장려 정책이란 이름으로 사용하여 효과가 없다면, 그 책임은 누가 질 것인지 궁금합니다. 그 비용부담이 다시 고스란히 젊은 세대들에게 부메랑처럼 돌아가는 것은 아닐지 심히 우려됩니다.

셋째는 결혼과 출산 당사자들의 의견과 요구사항이 가장 우선이어야 합니다. 최소한 우리 홍천지역만이라도 그들의 입장이 무엇인지 경청부터 다시 시작해야 합니다. 요구사항은 구체적으로 무엇이며 어떻게 그들이 원하는 방향을 따라잡을 수 있을지를 연구해야 합니다. 정부의 정책만 물끄러미 바라볼 수 없습니다. 우리 지역은 고령화가 급속도로 진행되고 소멸할지도 모를 절체절명의 위기에 있음을 명심해야 합니다. 결국 청년 정치가 숨 쉬어야 합니다. 최소한 우리 지역의 청년 정책만이라도 청년 스스로가 요구하고 적용할 수 있기를 바랍니다.

결혼과 출산의 당사자는 누구입니까?
청년 여러분께서 목소리를 내주셔야 합니다.
그 목소리에 해답이 있기 때문입니다.

4

선거에서 만난 꽃과 별 이야기

1
터미널 회전교차로를 지나는 사람들

우리는 어디론가 매일 끊임없이 앞으로 갑니다.
고단함을 풀어주고 삶의 의미를 생각할 여유가 필요합니다.

5시 30분. 터미널 사거리. 이른 시간이기에 사람들이 많이 다니지는 않지만 그렇다고 전혀 인적이 드물지도 않았습니다. 30분 정도 지나 6시가 되면 첫차가 터미널에서 출발하였습니다. 재미있는 것은 사람들의 패턴이 매일 비슷하게 유지된다는 점입니다. 예를 들자면, 첫차를 운행하는 기사분들은 대부분 인사를 잘 받아주시고 손을 흔들어 주는 특징이 있습니다. 새로운 날을 시작하는 마음으로 하루의 무사 안녕을 기원하며 긍정적인 신호를 보내려는 사람의 심리일 것입니다. 그리고 따지고 보면 선거운동이란 것 역시 지역을 위해 열심히 일해보겠다는 사람들이 나서 하는 것인데 굳이 정파를 심하게 나누어 선입견으로 미워할 일이 아니었습니다. 하지만 동이 트고 밝아질수록 지나가는 사람들의 얼굴은 무관심으로 바뀌어 갑니다.

6시가 조금 넘으면 늘 바쁜 종종걸음으로 터미널을 향해 오시는 분이 있었습니다. 5분만 조금 일찍 나오셨으면 그렇게 급하게 뛰다시피 오지 않으셔도 될 것을 어쩐 일인지 매일 그 시간에 그런 행동이 반복됩니다. 또 사나흘 간격으로 용달차를 몰고 지나가시며 손 흔들어 주시는 분도 계셨습니다. 아마 어디선가 물건을 싣고 이동하시는 분이었을 텐데 정겨운 미소가 참 좋았습니다. 매일 늦는 버릇도 반복되면 습관이 되어 시간 약속을 못 지킨다는 불명예를 얻을 수 있고, 항상 여유롭게 출발하는 태도가 습관이 되면 알아서 사람들은 그를 부지런하고 성실하다고 말해주는 것이 이치일 것입니다.

 어디 체험 삶의 현장을 가지 않아도 터미널 사거리에 세 시간만 서 있어 보면 사람들이 얼마나 열심히 살아가고 있는지를 확실히 체감할 수 있습니다. 저를 유심히 지켜보던 한 주민께서는 너무 지나치게 인사를 하는 것 같다고 말씀하셨습니다. 아침저녁 세 시간씩 인사를 쉼 없이 드리자니 대략 계산하여 보아도 하루 4천 번은 되는 숫자였습니다. 하지만 염려와는 다르게 큰 문제는 없었습니다. 일단 남에 의해 강압적인 것이 아닌 스스로가 좋아서 하는 것이었다는 점이 중요하였습니다. 당연히 허리에 파스 붙이고 신발 아래에는 깔창용 손난로도 하였고요. 반복해보면 뭐든 요령이 생기는 법이라 그런지 오히려 좋았던 점이 더 많았습니다. 가장 큰 성과는 저 자신에 대해 되돌아볼 수 있는 성찰을 할 수 있었다는 것이었습니다. 겸손이란 것, 고개를 낮추는 것, 사람이 절실함을 가지고 무엇인가 집중한다는 것 등이 체화되었기 때문입니다. 물론 뱃살이 쭉 빠졌으니 다이어트 효과는 덤이었고요.

 여하튼 7시가 되면 본격적인 출근행렬이 서서히 시작됩니다. 일반적인 생각보다는 홍천으로 출근하는 분들과 홍천에서 나가는 분들의 차들이 상당히 많다는 것에 놀랐습니다. 하지만 역시나 그

분들의 출근행렬도 마찬가지였습니다. 거의 매일 유사한 시간에 같은 패턴으로 차들이 지나갑니다. 그중에는 왠지 즐거운 표정으로 웃는 분도 있고, 무엇 때문에 화가 났는지 잔뜩 찌푸리신 분도 있습니다. 아이의 등교를 위해 함께 가는 아빠 운전자와 그 옆에서 머리가 아직 마르지도 않은 상태로 멍하니 앉아있는 여학생의 모습도 보았습니다. 하지만 제가 보는 것과 지나가는 사람들이 보는 것에는 큰 차이가 있을 것입니다. 저는 저분들이 과연 얼마나 저의 진정성을 알아주시고 관심을 주실 수 있을까를 염려하였습니다. 하지만 아마도 지나가는 분들은 평소에는 보이지도 않다가 선거 때가 되었으니 또 슬슬 나왔다고 불만스러워하셨을 것입니다. 저도 한 사람의 주민이고 다른 선거의 후보를 찍는 유권자이기 때문에 그런 곱지 않은 시선을 모를 리 없었습니다. 그러므로 저는 누구보다 부지런하게 인사해야만 했습니다. 짙은 차창 속으로 누군지도 모를 유권자들을 향해 계속하여 허리 숙여 인사를 하였습니다. 그 인사는 저에 인생에 큰 추억이 되었습니다. 비록 저를 주민들이 기억조차 하지 않고 선택하지 않았다고 해도 저는 그분들을 버리지 않겠다는 신념이 생긴 것이 바로 그때였습니다. 부족한 점이 많지만, 의로운 마음과 용기를 가지고 도전할 수 있었다는 것에 지금도 늘 감사한 마음이 듭니다.

생각해보면, 감사드려야 할 분들이 많이 계십니다. 그래서 저는 그분들을 최대한 기억하고 기록하는 것이 예의라는 생각이 들었습니다. 글을 쓰는 목적의 한 부분이기도 합니다. 긴 추위와 봄의 계절을 보낸 후, 본 선거운동 기간인 5월 중순 시절의 일이 기억납니다. 길거리 인사를 한창 다니고 있을 때, 여성 한 분께서 저를 반갑게 맞아주시며 당신께서 저를 아주 잘 안다고 하셨습니다. 그런데 저는 도통 그분이 누군지 기억이 나지 않았습니다. 잘 안다고 반갑다는 분에게 누구시냐고 묻기도 그렇고 참 난감한 상황이었기에 그저 웃을 수밖에 없었습니다. 그분이 저를 잘 아시는 이유는 간단하였습니다. 저를 매일 보았기 때문이랍니다. 이분이 어느 날 사고가 나서 다치는 바람에 치료를 위해 병원을 찾았다고 합니다. 그러다 마침 홍천 터미널이 보이는 건물의 창가 쪽에 입원을 하게 되셨다는 것입니다. 그런데 워낙 활동적인 분이라 상당히 무료함을 느끼시던 차에 이른 아침마다 혼자 인사하고 있는 저를 유심히 보셨다는 것입니다.

"아무리 날이 안 좋아도 하루도 안 빼놓고 꼭 나오더라고. 내가 주변에 많이 선전했어."

어디선가 지켜봐 주시는 분들이 있기에 희망과 용기가 저절로 샘솟는 순간이었습니다. 저를 알아봐 주시고 격려와 응원 주신 분들 많이 있지만 한편으로 좋은 결과를 드리지 못한 점에 대한 죄송한 마음도 매우 컸습니다. 왜냐하면 그 선택이 틀리지 않았음을 증명하는 일은 오로지 저의 몫이었기 때문입니다.

희망은 언제나 누군가의 응원 속에서 피어난다."

– 장 자크 루소

2
거리의 노점상 할아버지

손끝의 굳은살은 삶의 정직한 증거입니다.
따뜻한 미소가 하루를 버티게 하는 힘이 되었습니다.

할아버지의 장사는 그냥 언뜻 보아도 수입이 많아 보이지 않았습니다. 낡은 노래 테이프며 예전에 쓰던 물건들이 사람들의 관심을 끌기에 세월은 너무나 빠르게 흘러온 듯합니다. 젊은 날의 회한을 내려놓으시고 그저 소일삼아 장사하시는 거리의 할아버지를 보며 왠지 모를 슬픈 감정이 밀려왔습니다.

바야흐로 정보화시대를 지나 현재 맞이한 AI시대가 할아버지에겐 너무나 힘든 시기일 것입니다. 오늘날의 변화 속도가 너무 빠른 까닭에 늘 뒤처지고 더욱 소외되는 듯한 서운함을 갖고 계실 것입니다. 할아버지 세대의 특징 중 한 가지는 굶주림이 있던 시대입니다. 어르신들의 설명을 빌려 표현하자면 할아버지의 청춘은 '배고픈 시절' 그 자체였습니다. 지금은 보릿고개라는 단어는 그저 어느 유행가의 구슬픈 노랫말에나 어쩌다 등장할 뿐인 말입니다. 그러나 인류 역사의 매우 오랜 시간 동안 굶주림은 사회를 계급화 시키는 불평등이 생길 수밖에 없도록 하는 근본 원인이기도 하였습니다. 최소한 누구나 충분히 먹고 살아갈 만한 자원이 있었다면 상황은 많이 달랐을 것입니다. 즉 적어도 죽고 죽이는 잔혹하고 무모한 전쟁은 현저하게 줄어들었을 것입니다. 또 힘없는 사람들이 영문도 모르고 억울하게 희생당하는 경우도 일어나지 않았을 것입니다. 신석기 혁명이 일어나고 정착하여 농경사회를 이룬 뒤에도 계급사회가 유지된 것은 권위주의 사회체제가 굶주림의 불평등을 합리화시키는 하나의 방편 같은 것으로 사용되었음을 예단해 볼 수 있습니다. 다시 수천 년이 지난 후 인류는 산업혁명을 일으켰고 오늘날에 이르러서야 굶주림에서 벗어날 수 있는 기반이 마련되었습니다. 적어도 요즘의 젊은 세대들은 그런 고난과 가난으로 인한 배고픔의 기억은 사라진 시대를 살고 있음이 틀림없을 것입니다.

 그러나 실컷 먹고도 남아 버리는 음식물 쓰레기가 생겨난다고 행복한 사회가 되는 것은 아닙니다. 더 이상 굶어 죽는 사람은 없어졌을지 모르지만, 과거 보다 더욱 빈곤을 느끼고 삶을 고통 속에 포기하는 사람들의 숫자는 줄어들었다고 할 수 없을 것입니다. 특히 할아버지와 할머니의 삶의 질이 과연 시대 흐름에 맞게 만족스러운지는 의문이 아닐 수 없습니다.

 단순히 노약자가 복지에서 혜택받는 것으로 우리 사회가 한 단계 더 높이 나간다고 할 수 없을 것입니다. 할아버지 할머니께서 건강하고 안정적인 노후를 지내실 수 있도록 사회 시스템이 돌아가야 합니다. 이유는 간단합니다. 우리 사회 구성원 누구나 노약자가 될 것이기 때문입니다.

 나이가 많다는 것만으로 어르신들을 동정이나 연민으로 바라보자는 것이 아닙니다. 과거 어려운 시절 우리나라는 아이를 낳아도 반은 돌을 넘기기 어려웠고, 성인이 되어서도 겨우 60세를 넘기기만 하면 잔치를 열었습니다. 수많은 전쟁과 약탈의 공포 속에 삶의 질이 처참하게 파괴되기도 하였습니다. 너무나 많은 희생이 있었습니다. 아버지들은 어깨가 부서지도록 일해야 했습니다. 또한 부모를 봉양하며 처와 자식을 먹여 살리는 일은 결코 쉬운 일이 아니었습니다. 생사를 걸어야 할 상황도 있고, 때로 억울한 일을 당해도 하소연조차 하지 못하는 일도 많이 있었습니다. 우리의 어머님들은 또 어떠셨습니까. 가난이 일상인 시대에 며느리로 살아가는 것은 고통의 연속이었습니다. 먹는 문제가 해결되는 데 걸린 그 세월 동안 어머님들은 부모님, 남편, 자식들 뒷바라지에 하루도 편히 쉴 날이 없었습니다. 오늘날 할아버지 할머니께 감사드려야 하는 이유입니다.

 문제는 어르신들이 스스로 노후를 대비하고 행복하게 여생을 보내지 못하는 경우가 허다하다는 점에 있습니다. 우리나라 경제 규모가 세계적인 수준임에도 불구하고 노인빈곤율이 OECD국가 중에서 매우 높다는 사실이 이를 뒷받침합니다. 2023년 통계청 자료 기준으로 65세 이상 노인 중 상대적 빈곤율이 약 40%에 이르고 있으니 심각하다고 하겠습니다. 그뿐만 아니라 65세 이상 노인 자살률은 10만 명당 34.1명으로 전 연령대 평균의 2배를 넘는다고 합니다.

 세월이 가고 나이를 먹으면 먹을수록 몸은 하염없이 약해져 병원과 약에 의존해야만 합니다. 한 번 아파지기 시작하면 잘 낫지도 않고 병원 진료받는 일도 잦아질 수밖에 없습니다.

"이제 더 아프지나 말았으면 좋겠다."

 저의 어머님 생전에 푸념이 아직도 귓가에 선하게 들리는 듯합니다. 매우 많은 어르신이 만성질환을 앓고 있고, 의료비 걱정이 크십니다. 노인 1인당 연평균 진료비는 330만 원으로, 본인 부담금만 100만 원 이상입니다. 수입이 없는 어르신에게 너무 큰 부담이 아니겠습니까. 그렇다 보니 폐지를 모으는 어르신이 유행하였습니다. 하지만 그마저도 아침부터 저녁까지 모아도 돈 만 원 벌기가 어렵다고 합니다. 약값과 월세를 생각하면 한숨 나오는 일입니다.

 시간이 가면 갈수록 수명이 크게 연장되어 사회적으로 급속한 고령화가 이뤄지고 있습니다. 이런 현상대로 어르신들 고민의 원인은 노후를 위한 상당한 비용을 준비하지 못한 데에서 나타나는 것입니다. 그러므로 퇴직 이후에도 일정한 일자리와 수입원이 있어야 합니다. 제가 우리 홍천군의 '숲 가꾸기'와 '마을 정화사업' 같은 노인 일자리 사업에 대해 긍정적으로 생각하는 까닭입니다. 꾸준하게 할 수 있으면서 힘겹지 않은 공공사업을 통해 사회에 기여하고 노후 자금에 보탬이 되실 수 있도록 지자체에서 운영하는 사업은 좋은 대안이 될 것이라 여겨집니다. 자녀에게 의존하지 않고도 기초연금과 노인 일자리로 생활비를 충당하실 수 있어야 합니다. 그리고 사회적 인식의 변화가 필요합니다. 어르신을 부담으로 여기지 말고, 경험과 지혜의 사회적 자산으로 존중하여야 합니다.

 아침 인사가 끝날 때 즈음이면, 항상 웃는 얼굴로 격려해주신 할아버지께 감사의 말씀을 전하고 싶습니다. 격동의 세월을 살아오신 할아버지의 노고를 잊지 않겠습니다. 고맙습니다.

아침마다 응원과 격려로 큰 힘을 주신 어르신을 찾아뵙고 감사의 인사를 드렸습니다.

3
비 오는 날의 우산

누군가의 우산이 되어주고 싶습니다.
소중한 작은 우산 하나가 좋은 세상을 만들기 때문입니다

장대비가 내리던 아침이었습니다. 어찌나 빗줄기가 굵었던지 차마 눈을 뜨기도 힘들 정도였습니다. 그래도 포기하지 않고 계속 인사를 하고 있었습니다. 물론 저의 모습은 선거운동 점퍼를 입고 피켓 하나를 들고 있었으므로 점잖은 표현으로는 조촐한 차림이 있었고, 다른 말로는 물에 빠진 생쥐와 다를 바 없었습니다. 그렇게 한참을 빗줄기 속에서 사투를 벌이고 있을 때였습니다. 한 분이 저의 이름을 부르며 달려오십니다.

"이봐요. 제현씨! 이것 좀 입고해요."

 우비를 건네주십니다. 얼굴이나 목소리로 보아 그분은 아이의 엄마 같았습니다. 게다가 차 보조석에는 여자중학교 교복을 입은 학생이 있었으니 출근과 등교를 함께 하는 듯하였습니다. 이미 그 모녀는 오랜 시간 동안 늘 같은 자리에 있는 저를 보았을 것입니다. 지나칠 때면 '저 사람은 왜 저럴까'하며 속으로 의아해하였을지도 모릅니다. 누군가의 딸로 태어나, 아내가 되고, 또 엄마가 되어 살아가는 아주 평범한 일상. 아마 그 옆에 딸아이도 엄마와 같은 전철을 밟을 것입니다. 이 시대를 함께 살아가는 그저 선량함이 지극한 개개인의 사람들. 때로는 위대한 업적을 이룬 사람에 대한 존경보다, 가장 일상적인 것이 오히려 더 소중하게 다가올 수도 있습니다. 저는 대답하였습니다.

"괜찮습니다. 고맙습니다."

쏟아지는 빗줄기 소리에 묻혔으므로 제 말은 잘 전달되지 않았을 것입니다. 누군지 모를 사람의 호의가 아주 오랫동안 여운이 남는 것은 저만 그런 것일까요. 그날 차 속에서 저를 물끄러미 바라보던 그 엄마의 딸은 어떤 생각을 하였을까요. 내친김에 아이들 교육에 관한 이야기를 해보려 합니다.

우리 지역은 농촌을 기반으로 하는 강원도의 한 읍, 면 단위 지방으로 인구는 계속 감소하고 있습니다. 그리고 연세가 많으신 분들께서 마을을 지키고 농사를 지으시니 고령화 또한 당연하게 받아들여지는 곳입니다. 심지어 아이 우는 소리 듣기가 참 귀하다고 할 만큼 신생아 출산은 드문 경우가 되어 버렸습니다. 학생들의 교육 환경 역시 예전과는 정말 많은 변화가 있었습니다. 먼저 학생 수가 상당히 줄었습니다. 홍천군 내에서도 학생 수 감소와 지역 인구 변화 등의 요인으로 초등학교 통폐합이 계속 이루어지고 있습니다. 2024년 기준으로 홍천군 전체 초등학교는 26개교입니다. 그런데 학생 수는 2,184명이고 교원 수가 366명이라고 합니다. 학생 6명 당 교원이 1명이란 말입니다. 과거의 콩나물 교실과는 전혀 다른 양상임을 알 수 있습니다.

문제는 대도시 지역과 비교했을 때 우리 농촌 학생들이 겪는 교육적 불평등이 심각한 수준이라는 점입니다. 가뜩이나 교육이 부모의 능력에 의해 좌우될까 우려되는 상황에서 지역에 따른 어려움은 반드시 해답을 찾아야 할 일입니다. 교육은 단순히 그 사람의 학력 수준뿐만 아니라 인생의 지침이 되어 결국 지역의 발전과 국가 경쟁력에도 영향을 미치기 때문입니다. 이점에 대해 교육공무원이나 교직원에게만 의존할 것이 아니라, 농촌 교육이 직면한 주요 문제점들을 이해하고 사회 종합적인 측면에서 제대로 된 대안을 마련해야 할 것입니다. 먼저 학생 수가 줄어드는 원인은 젊은 세대가 결혼하지 않고 출산도 미루는 상황으로 인해 발생하는 것이 자명합니다. 게다가 아이들의 상급학교 진학 시 대도시로 보내기 위해 이사를 하거나 유학을 보내는 경우가 상당히 많이 있습니다. 그렇게 되어 학교가 통폐합으로 사라지기 시작하니 기존의 학생들은 더 먼 거리까지 통학해야 하는 부담이 생기는 것입니다. 이 부분에서 교통비와 상대적 박탈감 같은 것도 생길 수 있습니다.

 한편으로 우리 지역의 학생들에게 학원과 같은 사교육의 기회가 줄어든 것도 현실입니다. 저도 학원 사업을 10년 정도 경험하였기에 그 안타까움을 잘 알고 있습니다. 공교육이 이미 사교육의 수준을 따라가지 못한다는 비판은 오래전부터의 일입니다. 선생님의 권위가 낮아지면서 발생한 문제들도 많습니다. 실력과 양심을 바탕으로 한 존경받는 선생님이 늘어나야 합니다. 선생님이 그저 수업만 하는 노동자로 전락하는 현실은 불행합니다. 사교육이 공교육의 부족한 부분을 채워줄 수는 있겠지만, 본질이 뒤바뀌어 학교에서는 잠을 자고 오히려 학원에서 수업을 듣는 촌극은 더 이상 발생하지 말아야겠습니다. 우리 지역의 학생들도 줄어드는 학생 수에 상관없이 높은 수준의 교육을 받을 수 있어야 합니다.

 학교 건물의 외관을 신규 공사로 꾸민다고 하여 내실이 깊어지지는 않을 것입니다. 일반 학원처럼 시설을 갖추고 쾌적하게 꾸미는 것 역시 한계가 있을 것이고요. 가장 시급한 일은 선생님들의 교권을 확립시켜드리는 작업일 것입니다. 우수한 신임 교사가 굳이 도시 지역으로 이동하려 하지 않아도 될 만큼의 처우가 있어야겠습니다. 좋은 선생님이 좋은 학교와 좋은 학생을 만드는 것은 당연한 일이기 때문입니다.

지역 편차를 줄일 수 있는 온라인 교육은 가정에서 혼자 하는 것이 아닌, 선생님의 지도하에 자기 주도형으로 진행되면 좋을 것입니다. 그렇기 위해서는 교육 공간과 체계적인 관리 시스템이 있어야 할 것입니다. 또한 기존의 일방적이고 일괄적이었던 수업방식도 변화해야 합니다. 교사와 학생 간의 일대일식의 질의응답 수업도 만족도를 상당히 높일 것입니다.

그리고 정말 중요한 것이 대학 입시 경쟁력을 갖추는 일입니다. 우리 지역의 수험생들이 서울 수도권의 대학에 많이 진학할 때, 비로소 우리 지역의 교육 정체성이 강화되어 교육의 흐름도 선순환으로 바뀔 것입니다. 입시를 전담으로 연구하고 도와주는 기구의 설치를 마련하여 지원하는 방안을 생각해볼 수 있을 것입니다. 각 수험생의 진학과 진로를 담임선생님에게만 의존할 것이 아니라 지역 출신의 선배들이나 전문가들이 다각적으로 접근하여 성과를 이루도록 유도하는 것이 중요할 것입니다.

비 오는 날 무표정하게 앉아있던 학생이 떠오릅니다. 부디 훗날 우리 지역 출신임에 자긍심을 갖고 사회에 역량을 발휘하는 훌륭한 사람으로 나타나기를 바랍니다. 우리의 교육이 우리의 자산이고, 미래에 대한 투자라는 점을 잊지 않았으면 합니다.

아이들에 대한 교육성색은 결코 정피로 나뉘어 판단되지 말아야 합니다.

4
이름 모를 어머님의 전화 한 통

마음을 흔드는 전화를 받아 볼 때가 있습니다.
격려와 응원의 말은 인생을 바꾸는 훌륭한 도구입니다.

선거운동 기간 마지막 날 저녁, 한 통의 전화가 왔습니다. 어디선가 많이 들어본 듯한 연세가 지긋하신 어머님의 목소리였습니다. 제가 선거기간 가장 좋아하는 것은 어머님들과 손잡기입니다. "염려하시지 말아요. 이번에 안되어도 또 하면 되니까 염려하지 말아요" 오히려 저 자신보다 저를 더 걱정해주시던 이 어머니는 어디에 계신 누구실까요.

과거 어머님들의 삶은 힘겨운 가난과 고생으로 이어지는 고단한 날들의 연속이었습니다. 어려서는 집안의 부모님을 돕고 동생들을 뒷바라지하였습니다. 그렇게 배우고 싶었어도 초등학교를 간신히 졸업하였을 뿐 그 이상은 언감생심이었습니다. 가난하였기에 고생은 당연하게 받아들여졌고, 가족을 위한 희생이 원래 그런 줄 알고 심지어 가족들마저 고마운 줄도 몰랐습니다. 하물며 부모님들께서는 또 어떠셨습니까. 생계를 이어가기 위해 새벽부터 밤늦도록 일해야 했습니다. 참으로 어려웠던 시절이었습니다.

어머님들의 어린 시절은 유년기의 순수한 추억을 누릴 겨를도 없이 노동과 가난 속에서 시작되었습니다. 겨울이면 찬 바람이 살을 에고, 여름이면 뜨거운 뙤약볕 아래서 김을 매던 손길은 온통 굳은 살로 덮여 있었다. 배움의 기회를 포기해야 했던 현실 속에서도 오로지 가족을 위해 헌신하고 희생하는 삶이 이어졌습니다.

우리 어머님은 맏딸이었기에 결혼도 더 일찍 해야 했습니다. 요즘의 아가씨들이 누리는 화장품이며 패션 쇼핑 같은 것은 아예 존재 자체를 몰랐습니다. 가난한 집으로부터 가난한 집으로 시집을 갔으니 혹독한 현실이 달라질 리 없었습니다. 새벽이 되면 닭이 울기도 전에 일어나 물을 긷고, 아궁이에 불을 지펴 가족들의 식사를 준비해야 했습니다. 아무리 부지런히 일해도 시어머니는 며느리 칭찬에 인색한 편이었습니다. 할머니는 손주들인 우리에게는 그렇게도 자상하고 한없는 사랑을 주셨지만, 어머니와는 그다지 살갑지 않으셨던 기억이 납니다. 그분들의 잘못이 아닙니다. 그것은 어렵기에 더욱 엄격할 수밖에 없는 시대를 살았기 때문일 것입니다. 어머님은 정말이지 만능이었습니다. 남편과 아이들을 위해 밥을 짓고 옷을 기우며, 하루를 살아내기 위해 쉴 새 없이 움직였습니다. 밭에서 농사를 지어야 할 때는 허리를 펼 새도 없이 고개를 숙인 채 김을 매고, 가을이 되면 들판을 누비며 곡식들을 거두어들였습니다. 우리 오 남매를 키우면서도 어머님은 단 한 번도 울지 않았습니다. 저는 울었어도 어머님은 결코 무엇을 포기하거나 실의에 빠지지 않으셨습니다.

지금 생각해보아도 어머님들의 노동량은 정말 엄청났습니다. 흥부네 식구들처럼 많은 가족의 빨래를 일일이 개울가에서 손으로 다 하셨습니다. 아마 방망이로 때린 것은 빨래 옷가지뿐만 아니라

답답한 신세에 대한 소리 없는 분풀이가 아니었을까요. 한여름에도 부엌에서는 아궁이 앞에서 땀을 흘리며 가족들의 밥과 반찬을 만들고, 겨울이면 언 손을 호호 녹여가며 설거지하셨습니다. 우리는 그것도 모르고 들판에서 뛰어놀다가 흙범벅이 된 채로 집으로 돌아오곤 하였습니다. 어머님은 이불을 꿰매고 옷가지를 수선하느라 일감이 늘 많았습니다.

 시골에서 남편과 함께 짓는 농사일이 편할 리 없었습니다. 배추 모종을 가꾸고 밭에 옮겨 심는 작업을 손수 다 하셨습니다. 어디 그뿐입니까. 농사일이 정말 손이 많이 갑니다. 수시로 김매야죠. 비료 줘야죠. 농약 쳐줘야죠. 비 오면 물꼬 트여주어야죠. 가물면 물 대줘야죠. 정말 배추 한 포기를 먹기가 쉬운 게 아닙니다. 또 이웃집과 농사일을 도우며 하는 품앗이는 기본이었습니다.

 오늘날에 어떤 직장생활을 한들 손끝이 트고 갈라지며 저녁이면 녹초가 되어 그대로 잠들 정도로 힘들단 말입니까. 실로 어머님들은 철인이라도 되는 것입니까. 가장 가슴 아픈 것은, 자식을 위해 자신의 모든 것을 내어주면서도 정작 자신은 돌봄을 받지 못했던 현실이었습니다. 자식들이 배고픔을 모르게 하려면 어머니 자신이 굶어야 했고, 입을 옷이 부족하면 낡은 옷을 기워 다시 입어야 했습니다. 병이 나도 병원에 갈 생각조차 하지 못하고, 집에서 대충 약을 먹거나 버텨야 했습니다. 아이들이 아프면 밤새도록 간호하면서도, 정작 당신 몸은 제대로 돌보지 못했습니다.

 그래도 어머님들은 불평하지 않았습니다. 힘든 삶을 묵묵히 견디며 오로지 가족을 위한 삶을 살아왔습니다. 자식들이 학교에 가서 공부할 수 있도록 헌신했고, 손에 물집이 잡히고 허리가 휘어지는 노동 속에서도 희망을 잃지 않으려 했습니다. 밤이면 자식들의 곁에서 살며시 머리를 쓰다듬으며, 그들의 꿈을 응원하고 다독였습니다. 지금 우리가 누리는 풍요로운 삶은 이러한 어머님들의 희생과 눈물 위에 세워진 것입니다. 어머님들은 자신을 희생하면서도 자식들의 더 나은 미래를 꿈꿔왔습니다. 다음 세대를 위한 헌신은 눈물겹습니다. 그러한 희생이 있었기에 오늘날의 우리가 존재할 수 있는 것입니다. 이제는 그 고된 삶을 잊지 않고, 어머님들의 헌신과 사랑을 되새기며 감사하는 마음을 가져야겠습니다.

 선거기간 동안 어머님들의 손을 잡고 인사드리고 감사의 말씀을 전하였습니다. 대가를 바라지는 않았으며, 굳이 내키지 않는 투표를 해달라며 떼쓰지도 않았습니다. 부모님들에 대한 존경의 한 표현을 드릴 수 있어서 행복한 순간이었습니다. 그런 기회를 얻은 것은 저에게 큰 영광이기도 하였습니다. 늘 정진하라는 전화로 주신 격려의 말씀 여전히 가슴속에 새기고 있습니다.

어머니의 마음은 늘 한결같습니다. 그래서 어머니를 존경하고 사랑합니다.

5

장애인 자녀를 둔 아빠의 외침

부모님의 사랑을 잊은 적이 없습니다.
그 사랑이 세상의 모든 것이기 때문입니다.

우리 지역의 장애인 정책 마련을 위한 간담회에 참석하였다가 당혹스러웠던 기억이 있습니다. 장애인 아이를 둔 학부모님 한 분께서 매우 격앙된 반응을 보이셨기 때문이었습니다. 평소에는 장애인을 사람으로 거들떠보지도 않으면서, 선거 때가 되니 찾아와서 뭘 하겠다는 것이냐며 따져 물으셨습니다. 제가 기성 정치인이 아니었기에 계면쩍고 억울한 면은 있었지만, 그 분노 앞에 고개를 떨굴 수밖에 없었습니다. 그런 죄송한 분위기 속에서도 '그나마 최제현씨라도 와줘서 고맙다'라는 뒷말이 더욱 가슴 아프게 들린 까닭은 무엇 때문일까요.

 보건복지부의 2023년 자료에 따르면, 우리나라의 등록장애인 수는 약 260만 명으로 전체 인구 대비 약 5.1%를 차지합니다. 그러니까 홍천군의 장애인 수 역시 대략 4천 명 정도일 것입니다.

 장애인은 「장애인복지법」 및 「장애인 고용촉진 및 직업재활법」 등에 따라 여러 유형으로 구분됩니다. 보건복지부는 장애인의 신체적·정신적 기능 저하 정도에 따라 장애 유형을 분류하고 있으며, 그 기준도 정해져 있습니다.

 먼저 신체적인 불편으로 인한 지체장애가 있습니다. 그리고 뇌성마비와 같은 뇌병변장애가 있고요. 교정시력 0.04 이하이면 시각

장애, 두 귀의 청력 손실이 심하여 소리를 듣지 못하거나(평균 청력 손실 60dB 이상) 언어 구사가 어려운 경우는 청각장애, 말의 표현이 불가능하면 언어장애, 지적인 능력이 저하되면 지적장애, 자폐성장애, 정신장애, 신장장애, 심장장애 등으로 나뉩니다. 장애 정도 구분은 2019년부터 장애 등급제가 폐지되면서, 기존의 1급~6급 대신 '심한 장애'와 '심하지 않은 장애'로 구분됩니다. 장애 유형별로 세부적인 판정 기준이 다르며, 장애 판정은 의료기관에서 진단 후 장애 진단 전문기관의 심사를 거쳐 최종 등록됩니다.

현재 연령별로는 65세 이상 장애인의 비율이 53.9%로 지속적인 증가 추세를 보이고 있습니다. 이는 고령화 사회로의 진입과 함께 노년층에서의 장애 발생률이 높아지고 있음을 시사한다고 여겨집니다.

장애인들은 신체적·정신적 어려움뿐만 아니라 사회적 편견과 차별 속에서 많은 어려움을 겪고 있습니다. 그들의 애환은 단순한 불편함을 넘어, 삶의 모든 영역에서 깊이 자리 잡고 있습니다. 지체장애인은 보행이나 손 사용이 어렵고, 휠체어 접근이 불가능한 환경에서 불편을 느낄 수밖에 없습니다. 시각장애인은 점자, 음성 안내가 부족한 곳에서 길을 찾거나 정보를 습득하는 데 어려움이 많고요. 청각장애인 또한 원활한 의사소통이 힘들어 난절감을 심하게 받고 있습니다. 정신, 발달장애인은 감정 조절이나 사회적 관계 형성에서 어려움을 겪고, 차별적인 시선을 받기 일쑤입니다. 이러한 어려움은 장애 그 자체보다, 사회적 지원 부족과 편의시설 미비로 인해 더욱 심각해졌다고 하겠습니다.

 장애인 학생들은 일반 학교에서 동등한 교육을 받기 어렵고, 특수학교도 턱없이 부족합니다. 통합교육이 이루어진다고 해도 장애인을 위한 보조교사는 부족하고 친구들과 어울리는 기회 역시 매우 부족한 실정입니다. 이러한 환경 속에서 장애인 학생이 좀 더 큰 꿈을 꾸고 공부도 더 많이 할 수 있도록 배경을 마련해주는 노력은 지속되어야 할 것입니다.

 장애인 스스로가 자립하려면, 어느 정도의 일정 수입이 뒷받침되어야 하는데 막상 장애인 고용률은 매우 낮고, 취업의 문턱은 높기만 합니다. 경제가 어려운 건 사실입니다. 그러나 장애인을 위한 일자리 환경을 마련하는 것을 소홀하게 여기지 말아야 합니다. 장애인이라는 이유만으로 능력이 과소평가 되지 않도록 공정해야 할 것입니다.

 장애인 당사자뿐만 아니라, 가족의 부담도 이만저만이 아닙니다. 발달장애인 자녀를 둔 부모는 평생 돌봄 부담을 지고 살아야 할 운명이라고 보면 됩니다. 장애인 가족이 취업하려고 해도 장애인 돌봄 때문에 일을 포기하는 경우가 많습니다. 장애가 있더라도 자신의 꿈을 이루기 위해 노력하는 사람들이 많아져야 우리 사회가 한 걸음 더 성숙하게 나아갈 것입니다. 특히 우리 홍천지역에도 장애인가족지원센터 설립이 어서 빨리 이뤄지기를 소원합니다.

 장애인을 위한 시설만 지어 준다고 장애인의 삶이 나아지는 것이 아닙니다. 장애인의 애환은 단순한 불편이 아니라, 사회적 구조적 문제에서 비롯된 경우가 많습니다. 장애인이 이동하기 쉽고, 교육받기 쉽고, 일할 수 있는 사회가 되어야 합니다. 장애인에 대한 이 모든 정책의 이유는 간단합니다. 우리 모두 장애인이 될 수 있기 때문입니다. 결코 남의 일이 아닙니다. 장애는 잘못이 아닌데도 차별받아 괴로운 아이 아빠의 화난 표정을 기억합니다. 좀 더 관심을 가지고 좀 더 노력해야겠습니다. 다음은 지난 선거 때 제가 내놓았던 장애인 관련 공약입니다.

홍천군 장애인에 대한 약속

최제현 작성

 우리나라의 장애인 지원정책이 장애 유형별, 경중별 세분화가 부족하여 실질적인 지원이 현실을 따라가지 못하는 상황입니다. 그러므로 현행보다 더욱 세심한 소통의 과정이 요구됩니다. 장애인 당사자분과 가족들의 의견을 청취하는 것이 기본 바탕이 되어야 할 것입니다. 또한 관련 종사자분들의 실무 상황을 파악하여 데이터를 통한 합리적인 개선안도 나와야 한다고 생각합니다. 장애인에 대한 인식개선과 세심한 지원이 항시 이뤄질 수 있도록 최제현은 실질적인 정책을 책임감 있게 추진해 나갈 것입니다.

1. 장애인의 처우개선이 지역 사회에 직접 접목되도록 선진 사례를 연구 개발하여 조례제정과 같은 근거 마련에 힘쓰겠습니다. 또한 장애인을 시혜와 동정이 아닌 사람 대 사람으로의 동반자 입장으로 바라볼 것입니다.

2. 장애인 아동이 걱정 없이 학교에 다니도록 제반 시설 확충을 지원하고, 성인이 되어도 가정에만 머물지 않도록 장애인 평생교육시설을 지원하겠습니다. 일자리가 제공되어 적당한 임금을 적용받도록 하겠습니다. 만약 현실적으로 일자리 창출이 비효율적이고 마련 자체가 어렵다고 하더라도, 적어도 장애인의 생활이 불안정하여 복지 사각지대가 발생하지 않도록 관심의 폭을 넓히겠습니다.

3. 장애인 관련 정보공유를 할 수 있는 전문적인 스마트플랫폼을 지원하겠습니다. 또한 장애인 가족 지원 전달체계 강화 및 가족 지원센터가 설치 운영되도

록 하겠습니다.

4. 홍천군의 경사가 급하거나 울퉁불퉁한 인도를 전면적으로 개선하여 휠체어 이동에 어려움이 없도록 철저히 관리 감독하겠습니다.

5. 장애인분들과 정례적으로 시간을 정하고 간담회를 꾸준히 진행하여 의견을 청취하고 정책에 반영되도록 최선을 다하겠습니다.

6

조금 더 자세히 보아야 할 후보자의 유형

사람을 볼 때는 말보다 눈빛을 보아야 합니다.
진심은 화려하지 않기에 겉으로는 잘 보이지 않습니다.

선거운동 기간 알게 된 후보들에 대해 말씀드려 보겠습니다. 도지사부터 군수, 도의원, 군의원을 희망하는 분들은 공통점도 많지만, 가까이에서 보면 유권자분들이 보시는 이미지와 전혀 다른 사람도 있습니다. 후보자의 유형을 나눠보자면 몇 가지로 추려질 것입니다.

먼저 학연, 지연을 적극적으로 활용하는 유형입니다. 지방의 소도시가 그렇듯이 우리 지역도 한, 두 다리를 건너 따져보면 아는 사람이 연결되는 경우가 매우 흔합니다. 기본적으로 중, 고등학교가 몇 개 되지 않기 때문에 거의 선, 후배 관계에 얽혀있다고 보아도 무방할 듯합니다. "제현이가 홍천고 몇 회였지?" 이 질문 하나면 정체성이 생기는 느낌은 무엇 때문일까요. 학연, 지연을 타파해야 한다고 말은 하면서도 막상 선거판에서 그 유혹을 떨쳐버리기는 힘듭니다. 면 단위에서도 개울 다리를 경계로 두고 후보 간의 극명한 차이가 있었다는 일도 이해가 가는 상황입니다. 하지만 후보 선택에 있어서 학연과 지연은 참고만 하는 것뿐 주된 결정요인이 되는 것은 바람직하지 않습니다. 이리저리 학연과 지연을 엮어 투표해달라고 하는 후보가 당선되었다고 하여 뭔가가 달라지는 것은 별로 없습니다. 그저 같은 학교 동문이나 동네에 아는 사람이 정치한다는 의미일 것입니다. 정치인은 그 소양과 자질을 갖추어 유권자들을 대변하고 그 이득과 정의로운 사회를 위해 능력으로 일하는 사람이 적임자입니다. 유권자분들께서 경계해주셔야 합니다. 저 사람은 왜 자기 정책이나 공약 홍보는 하지 않고 어디 초등학교 출신, 심지어 무슨 동네에 누가 살았다는 식의 인맥 연결만 하려고 할까를 냉정하게 보셔야겠습니다. 그만큼 자신감이 부족하다는 후보의 반증이 아닐까요.

 다음은 싱글벙글 잘 웃고 다니는 유형입니다. 사람이 웃으면 기분이 좋아지고 또 웃어야 좋은 일도 더 잘 따라온다고 합니다. 그런데 후보자의 웃음은 조심해야 합니다. 제 말씀이 웃는 것이 나쁘다는 것이 아닙니다. 혹시나 진지함은 없고 가벼운 위트만이 있는 것은 아닌지 보셔야 한다는 것입니다. 후보의 웃음은 겉 포장일 뿐입니다. 정녕 후보에게 대표 공약이 무엇인지 질문해보세요. 만약 공약 질문을 받고 반가워하며 웃을 수 있는 후보라면 준비가 잘된 사람일 것입니다. 그러나 대답을 우물쭈물하며 얼렁뚱땅 웃고 넘기려 한다면, 그 웃음은 호의를 베풀어주는 것처럼 행동하는 것일 뿐 준비된 자세는 아닐 것입니다. 사회생활이나 선거판도 크게 다를 것이 없습니다. 싱글벙글 잘 웃고 순수해 보여 그런 이미지로 당선까지 되었으나 막상 정치적 능력은 턱없이 부족하여 실망을 준 사람들도 있었을 것입니다. 서툴고 어눌한 표정의 소유자라도 정책 수행력이 잘 준비된 후보가 선택된다면, 정치발전에 도움이 크게 될 것입니다. 다음 선거 때에는 곤란한 상황 질문에 도망치듯이 요리조리 빠져나가는 후보가 있는지, 그 사람이 혹여 싱글벙글

작전을 쓰고 있는 것은 아닌지 유심히 보시고 판단하셔도 괜찮을 듯합니다.

마지막으로 한 손에는 소주병 또 다른 손에는 종이컵을 들고 다니는 후보자 유형이 있습니다. 이 유형은 각 마을이나 면 소재의 단위 체육행사에서 대부분 실력을 발휘합니다. 좋게 말하자면, 술잔을 교환하며 친목 도모를 잘하는 것이겠고요. 비판적으로 보자면, 유권자의 객관적인 판단을 흐리고 인정에 호소하는 유형일 것입니다. 소위 말하는 이 술자리 유형은 주민들과 이야기를 나누며 소통을 할 수 있다는 장점이 있습니다. 공식적인 부담스러운 자리가 아니기 때문에 가벼운 주제부터 지역의 현안에 대해서도 상세히 속 사정까지 들을 수 있는 정보통의 창구이기도 합니다. 그런데 문제는 술이 사람의 판단을 흐리게 한다는 점에 있습니다. 술은 그저 소통과 친목의 수단일 뿐인데, 그 정도가 넘치게 되면 마치 목적이 된 것처럼 왜곡되어 이성을 마비시키기도 합니다. 아무리 많은 이야기를 나눠도 다음날 생각도 나지 않는다면 정말 허탈하지 않을까요. 그래서 '술이 왠수'라고 하나 봅니다. 부디 유권자 여러분께서 후보자를 보실 때 냉정하게 따져주시기를 소원합니다. 술자리를 엮어서 친한 척하는 후보보다는 한 손에는 펜을, 또 한 손에는 수첩을 들고 경청하며 받아적는 후보가 있는지를 눈여겨 봐주시면 좋겠습니다.

100일 동안 쉼 없이 주민분들을 만나 뵙고 인사드렸습니다. 감사합니다.

5

최제현의
정치철학과 소신

1
최제현은
왜 정치하려는가

정치가 세상을 바꿀 수 있다는 신념이 있습니다.
올바른 정치는 우리들의 하루를 행복으로 만들어줍니다.

세상 사는 모든 사람이 인생의 사연 보따리를 하나씩 둘러메고 살아갑니다. 그 봇짐 안에는 따뜻한 봄과 같은 청춘의 싱그러운 이야기도 있으며, 차갑고 힘겨운 역경의 나날들도 공존할 것입니다. 저는 강원도 홍천군의 끝자락에 있는 감자 마을에서 태어나 어린 시절을 보냈습니다. 그렇기 때문인지 성인이 되어 이야기를 나눠보면 왠지 대도시 사람과는 족히 20년 정도의 세대 차이가 납니다. 아마도 더덕을 캐고 소 풀 먹이던 성장배경을 가졌기 때문일 것입니다. 그때가 좋았었던 이유 중 한 가지는 일단 공부 스트레스가 없어서입니다. 마을의 부모님들은 손 바쁜 농사일에 여념이 없으셔서 학습지며 과외공부 같은 것은 아예 존재 자체를 모르셨던 것 같습니다. 우리 또래 친구들은 사시사철 바빴습니다. 봄이면 들녘에서 달롱을 캤고 하굣길엔 찔롱을 꺽었습니다. 그리고 여름에는 냇가에서 미꾸라지 잡고 첨벙첨벙 물장구를 쳤습니다. 이윽고 가을에는 돌배를 줍고, 겨울에는 비료부대로 만든 눈썰매를 탔습니다. 비록 우리를 관심 있게 바라보는 어른들은 보이지 않았지만 서운해할 겨를도 없었습니다. 늘 즐겁고 신났던 추억들이 가득하였습니다. 전교생을 다 합쳐야 50명도 되지 않는 분교의 최대 장점은 그저 천진난만한 시절을 보낼 수 있다는 것이었습니다. 동화처럼 아름답고 소중한 평생의 추억입니다.

하지만 그렇게 작고 아름다운 마을에도 부조리는 있었습니다. 늦

여름이 지나고 황혼의 저녁 빛이 가을하늘을 물들일 무렵이면 마을에는 깊은 한숨 소리가 들려오곤 하였습니다. 도무지 이해할 수 없는 일이었습니다. 그렇게 열심히 일해서 농사를 잘 지어놓아도 소용없었습니다. 농산물값이 폭락하였다고 하면 감당하기도 어려운 빚더미가 농부들을 짓누르고 있었습니다. 한 번은 우리가 한창 들녘에서 놀고 있을 때였습니다. 우리 무리 중 한 친구의 할머니가 다급하고 숨찬 목소리를 내시며 친구를 찾았습니다. 그리고 싸늘하게 굳은 표정으로 할머니는 친구를 데리고 이내 사라졌습니다. 그날 밤, 저는 마치 황순원의 '소나기'에 남자 주인공처럼 어머니와 나누는 아버지의 말씀을 엿듣게 되었습니다.

"농사 망쳐 홧김에 제초제를 들이켰다는데 말이야."

마땅한 의료기관이나 응급처치의 방편조차 모르던 시절, 친구의 아버지는 내장이 녹아 들어가는 고통으로 결국 피를 토해내며 생을 달리하셨습니다.

아마 당시에 어른들은 우리를 철부지라고 여겼겠지만, 우리는 이미 잘잘못에 대해 인식하고 있었고 깊은 슬픔도 공감하며 느끼고 있었습니다. 그때 저는 다짐하였습니다. 위, 아래로 집이 가까워 함께 어울리던 친구와 함께 약속하였습니다.

"우리가 커서 어른이 되면 농사 때문에 죽는 일을 없애자."

세월이 지나 저도 어른이 되었습니다. 사회생활을 하며 이리저리 치이기도 하고 제 나름의 인생 보따리를 풀어놓을 만큼 고생도 하였습니다. 그러면서도 누구 못지않게 올바르게 살려고 다짐하고 또 다짐하였습니다. 하지만 많은 모순과 부조리에 대해 무뎌지지 않았다고 스스로 자신할 수 없습니다. 오히려 채 열 살도 되지 않았던 시절의 제가 더욱 순수하고 의로운 마음이 있었는지도 모릅니다. 그렇지만 분명한 것은 저의 유년 시절에 품었던 올바르게 세상을 바꾸자는 생각은 지금도 유효하다는 사실입니다.

또한 저는 신념이 뚜렷하고 소신 있는 정치를 하고 싶습니다. 그리고 지역의 소외되고 아픈 사람들을 먼저 챙기는 것이 그 시작이라고 생각합니다. 도움이 필요함에도 요청조차 할 수 없는 사각지대의 분들을 외면하지 않을 것입니다. 사람들이 주목하지 않아 그늘진 곳이라고 해도 가까이 다가가 살펴볼 것입니다. 실리 관계로 인해 찬성과 반대가 첨예한 문제에 대해서도 마찬가지입니다. 원칙을 가지고 시작해야 합니다. 비판이 두렵다는 이유로 도망 다니지 않는 정치를 하고 싶습니다. 비난받아도 좋으니 활짝 열고 대화와 타협의 장을 마련하자는 것이 저의 기본적인 현실정치의 뜻입니다. 이것은 이른 새벽부터 밭으로 나가 늦은 밤까지 일하고도 중간 상인의 배만 불려주며 이용당했던 우리 마을 사람들, 농사가 잘 되나 안되나 늘 가난하게만 살았던 그 시절 부모님들에 대한 최소한의 의리와도 같은 것입니다. 선한 영향력이 사회와 국가에 밑바탕이 될 수 있도록 정치의 역할이 필요한 것입니다. 우리 지역의 정치판도 좋은 영향력의 사람이 새롭게 나타나야 합니다. 사람만 바뀌는 것으로 그치지 말아야 합니다. 또한 실력도 없으면서 중앙정치를 어설프게 따르는 관행도 사라져야 합니다. 희망으로는 부족합니다. 준비된 능력과 참신한 정치가 절실히 필요한 때입니다.

 저의 정치 이유가 의로움에 기인하였다지만 더욱 중요한 것은 강도 높은 책임감이라고 생각합니다. 그 책임감을 말씀드리기 위해 정치인의 행태를 비판적으로 바라볼 필요가 있겠습니다. 적어도 6.25 전쟁 이후 우리 사회는 외세에 의해 통치되거나 주권 행사를 할 수 없을 정도의 지경까지 이른 적은 없었습니다. 민주주의가 답이건 아니건 오늘날까지 이렇게 함께 달려왔고 앞으로도 역동적인 변화가 기대되는 상황입니다. 그런데 우리나라의 정치는 그런 흐름과 부합하지 못하는 듯합니다. 아직도 소위 '쌍 팔 년도 식'의 구태정치가 발생하는 것을 보면 말이죠. 말로는 정의, 공정, 상식 이렇게 좋은 단어들을 표어로 내세우지만, 현실정치는 툭하면 어쩔 수 없으니 이번은 그대로 하고 다음부터 개선하자고 합리화하는 경향이 있습니다. 원론적으로 보면 정치의 목적은 사회의 모든 구성원이 정의롭고 공정한 시스템에서 활동할 수 있도록 바탕을 마련하는 것입니다. 그리고 조금 더 약한 사람들에게 희망과 따뜻한 사회 공동체가 될 수 있도록 대화와 타협을 통해 분쟁을 조정해 나가는 과정일 것이고요. 정치를 정말 싫어하는 사람도 있고 정치가 답이라고 생각하는 사람도 있겠지만, 적어도 억울한 사람들이 그 억울함을 크게 호소할 수 있도록 소통창구를 열어주고 실질적인 도움이 피부로 느껴지도록 해줘야 합니다. 이런 기본적인 정치의 철학은 유감스럽게도 아직 견고히 다져지지 않았습니다. 철학의 보충과 함께 적어도 강도 높은 책임감이 필요한 까닭이기도 합니다.

"정치가의 첫 번째 임무는
권력이 아니라 책임이다."

– 막스 베버

2

철학과 소신 있는 정치
작은 것부터

큰 일은 작은 실천에서 시작됩니다.
정치의 품격을 지키는 철학과 소신이 필요합니다.

제대로 된 정치가 무엇인지에 대해 생각해보았습니다. 사회는 복잡하고 빠르게 변하므로 그에 따른 속도와 방향에 대해 정치도 함께 맞춰가야 합니다. 그 다양성으로 인하여 마치 수학 문제를 풀 때처럼 해법을 제시하는 과정도 여러 가지가 있을 것입니다. 비록 정파가 다르더라도 인정해주고 협치를 기본으로 해야 하는 것이 이런 이치와 같은 것입니다. 정치가 단순히 권력을 위임받아 행사하는 것만이 아니라, 공동체와 사회 구성원들의 삶에 결정적인 영향을 미치는 것이라면 절대로 소홀히 할 수 없을 것입니다. 정치가 제대로 되기 위해서는 몇 가지의 요건이 필요하다고 생각합니다.

 먼저 정직함이 있어야 합니다. 정직함은 양심에서 나오는 것이고 선량한 근본 바탕의 마음에서 시작될 것입니다. 우리가 사람의 도덕성과 배경을 바라보는 것이 그런 연유 때문일 것입니다. 예로부터 어진 임금과 청렴한 신하의 정치가 백성을 편안하게 하는 이른바 '위민정치'였음은 자명한 사실입니다. 하물며 오늘날의 정치판에 양심 불량과 부도덕함이 탄로 났음에도 버젓이 두꺼운 낯으로 버티는 정치가 있다면 국민에게 지탄받아 마땅한 일일 것입니다. 정치는 상황에 맞춰 유연하게 대처하고 상호 간의 의견을 존중하며 합의점을 찾아가는 것입니다. 그런 과정에서 상대에 대한 정서적인 신뢰감이 부족하다면 협상 테이블 자체가 형성되기 어려울 것입니다. 자세히 생각해보면, 상대를 속여 기만하려는 술책과 비교하여도 정직함은 있는 그대로를 보여주는 것으로 굳이 포장하지 않아도 되는 것이니 편하기까지 한 것입니다. 다만, 상대에 대한 편견으로 올바르게 눈을 뜨지 못하는 오류에 조심해야 할 것입니다. 단순히 정직하기만 하면 이용당하기에 딱 좋은 먹잇감이 되기 쉽기 때문입니다.

 다음으로 정치 행위의 기준점이 될 수 있는 철학이 있어야 합니다. 철학은 세상을 바라보는 인식과 가치관이라고 할 수 있습니다. 그리고 어떻게 행동할 것인가를 결정짓는 중요한 관념이기도 합니다. 그러므로 철학 없이 정치를 한다는 것은 빈 껍데기로 비틀거리며 걷는 걸음걸이와 같은 것입니다. 이점은 정치인뿐만 아니라 일반 주민들도 마찬가지입니다. 삶의 방향성과 가치관이 인생을 좌우하기 때문입니다. 단순히 정치를 정치가들에게 맡겼다고 손 놓을 것은 아닙니다. 주민 여러분께서도 정치에 대한 철학에 대한 이해를 통해 참여하여야 하는 이유입니다.

 고대 철학자들은 정치가 공동체의 정의를 실현하는 수단이라고 보았습니다. 플라톤은 철인정치를 강조하며, 정치 지도자가 철학적 지혜를 가져야 한다고 주장했습니다. 아리스토텔레스는 공동체의 행복을 위한 정치의 역할을 강조하며, 중용과 실용성을 중요하게 여겼습니다. 근대에 이르러 홉스, 로크, 루소 등은 사회계약

론을 제시하며 민주주의의 기초를 마련했습니다. 이러한 철학적 사유를 바탕으로 오늘날의 정치 체계를 다시 점검해 볼 필요가 있겠습니다.

 그리고 중심 잡힌 판단과 결정을 위해 필요한 항목이 소신 있는 정치입니다. 정치인은 자신의 신념을 지키면서도 시대의 변화에 유연하게 대응할 수 있어야 합니다. 단순한 고집이 아니라, 공익을 고려한 신념이어야 하며, 도덕성과 책임감을 갖춘 태도가 필수적입니다. 또한, 주민과의 소통이 중요하며, 설득을 통해 공감을 얻는 능력이 필요합니다. 정책을 결정할 때도 단기적인 인기에 연연하지 않고, 장기적인 관점에서 가능한 방향을 모색해야 합니다. 소신은 갑자기 나타나는 것이 아니므로 과정이 필요합니다. 일단 정보의 수집을 상세히 하여야 합니다. 그런 다음 현장의 모습을 직접 확인하여 이론과 실제의 차이를 살피고 방향성을 잡는 것이 중요합니다. 만약 이런 기본적인 과정조차 밟지 않고 지역 문제에 대해 나선다면 이리저리 흔들릴 것은 불 보듯 뻔한 일이라고 여겨집니다.

 정치에 대해 누구나 말할 수는 있습니다. 그러나 그 말을 실행으로 옮기는 것은 단순하더라도 작은 것부터 꼼꼼하게 살피는 관찰력에서 시작됩니다. 또한 기본 바탕에 깔린 정치 철학과 소신이 있어야 명확해진다는 말씀이었습니다. 다음 세대를 위해 바로 서는 정치를 실현해야 합니다. 그리고 기존의 정치 수준을 한 단계 올리는 노력은 계속되어야 할 것입니다.

"위대한 일을 하고 싶다면,
작은 일부터 시작하라."

– 마더 테레사

3
그 밥에 그 나물 정말 똑같을까요

정체불명의 가짜뉴스가 세상을 어지럽힙니다.
합리적이고 선한 영향력이 우리 사회를 이끌어야 합니다.

선거운동을 한창 진행하던 때의 일입니다. 점심을 먹기 위해 식당에 들러 메뉴를 고르던 저에게 옆 식탁에 계시던 할머님께서 말씀하셨습니다.

"다 똑같아. 그 밥에 그 나물이지."

할머님의 표정은 인자하고 온화하였지만 내뱉으신 것은 독화살과 같았습니다. 저는 대꾸하지 않았습니다. 그런데 왜인지 모르게 죄인이 된 듯한 억울한 느낌에 눈물이 날 것만 같았습니다.

 우리 사회의 정치 불신은 아마 해방된 이후로도 끊임없이 오늘날까지 이어져 오고 있는 듯합니다. 1960년 4.19의 도화선이 되었던 3.15 부정선거는 정치 신뢰를 깨뜨리는 사건이었습니다. 그러나 주목할 점은 그 신뢰 회복을 위한 노력이 높게 평가될 수준까지 도달하였다는 점입니다. 먼저 부정선거에 대해 전국의 학생과 시민들이 대대적으로 호응하며 참여하는 큰 공감대를 형성하였습니다. 이는 특정 정파나 이익집단의 선동과는 다른 민주주의에 대한 열망의 표현이기도 한 것이었습니다. 그때 시위로 서울에서만 1백여 명, 부산에서 19명, 광주에서 8명 등 전국적으로 186명의 사망자와 6,026명의 부상자가 발생하였다고 합니다. 엄청난 희생이었습니다. 안타까운 일이지만 우리 국민의 용기와 애국애족 의식 수준이 그만큼 높았다는 점이 큰 성과라고 할 수 있겠습니다. 그 결과도 긍정적이었습니다. 4월 21일 뒤늦게야 사태를 파악한 이승만 대통령은 부정선거로 당선된 이기붕에게 사퇴를 요청하였습니다. 그리고 4월 23일 오전, 시위로 다친 학생들이 입원한 서울대병원을 방문하여 위로한 것으로 알려졌습니다.

"학생들이 왜 이렇게 다쳤어? 부정을 왜 해? 그렇지, 부정을 보고 일어서지 않은 백성은 죽은 백성이야! 이 젊은 학생들이 참으로 장하다."

 이후 대통령은 하야를 스스로 선언하여 물러났고, 의원내각제라는 새로운 정치 시스템이 도입되었습니다. 이는 우리나라의 대통령 중심제가 충분히 정치적 책임을 수반하였다는 점을 대변합니다. 그리고 유혈사태의 고통 속에서도 결국 민주주의가 무너지지 않았다는 점도 크게 평가되고 있습니다.

 그렇다면 군부에서 정권을 잡았던 권위주의 시대의 정치 신뢰와 회복은 어떠했을까요? 특히 박정희 정권으로부터 전두환 정권으로의 비민주적 연결은 우리 현대사의 짙은 그림자라고 할 수 있겠습니다. 국민에 대한 약속을 뒤집는 정치 행위는 비난받아 마땅합니다. 헌법을 바꾸며 자신의 집권을 연장하기 위한 시도도 용납되기 어렵습니다. 이에 대한 국민의 저항은 필연적으로 또 일어났고 희생도 역시 발생하였습니다. 이러한 과정을 겪으며 국민이 갖는 정치에 대한 신뢰는 떨어지기 마련입니다. 이는 정권의 공과를 구분하여 평가하는 것과는 별도라고 할 수 있겠습니다. 예컨대, 박정희 정권은 수출주도형 경제와 새마을운동을 통한 산업화와 농촌 근대화를 적극적으로 추진하였습니다. 그리고 오늘날 경제 성장의 원동력이 될 중화학 공업과 도로 교통망 신설도 성공적으로 이뤄냈습니다. 무엇보다 할 수 있다는 자신감과 성취감, 배고픔에서 벗어날 수 있게 해줬다는 부분이 지금도 높은 평가를 받고 있습니다. 그러나 그런 정권의 밝은 면 뒤에는 유신체제와 독재라는 오명의 음지가 존재하였습니다. 박정희 대통령의 서거로 정권은 끝났지만, 그 공과가 극명하기에 정치 불신과 신뢰의 측면에서도 여운이 깊게 남는 것이 아닐까 생각됩니다.

 권위주의의 종말이 반드시 민주주의와 정치 신뢰 회복으로 이뤄지는 것은 아닙니다. 우리에게는 '버마 아웅산 사태'로 더 유명한 미얀마의 예를 보면 쉽게 알 수 있습니다. 미얀마는 1948년 독립 이후, 독립군 출신 장군이 쿠데타로 정권을 장악하여 20년을 넘게 장기 집권하였습니다. 물론 권위주의 독재체제에 가까웠기에 1988년에 소위 '양곤의 봄'이라는 민주화 운동이 일어나기도 하였습니다. 미얀마 국민의 희생은 우리나라와는 비교가 되지 않을 정도로 엄청난 규모였습니다. 그러나 연이은 쿠데타로 군부가 계속하여 정권을 잡으면서 현재까지도 미얀마의 민주주의는 요원한 상황입니다. 게다가 헌법에도 군부가 국회 의석의 1/3을 차지하도록 항목을 만들어 놓아 앞으로의 과정도 쉽지 않을 전망입니다. 당연히 미얀마는 전 세계적으로 가장 가난한 나라로 손꼽히고 있습니다. 국경은 매우 폐쇄적으로 되어 있어 외국의 투자도 어려운 상황입니다. 마치 북한의 실정을 보는 것과 같습니다.

 우리나라 정치에 대해 비판적인 시각으로 바라보는 것은 이상한 일이 아닙니다. 또 국민이라면 누구나 책임과 의무가 있듯이 국가권력과 시스템에 대해 비판할 권리도 있는 것입니다. 바로 국민이 유권자이기 때문입니다. 하지만 비판의 세기가 강해질수록 나라와 정치발전을 위해 헌신하신 분들에 대한 감사와 존경도 함께 공존해야 할 것입니다. 어두운 부분만을 꼬집어 침소봉대하는 태도도 경계해야 합니다. 마치 우리나라 정치를 피도 인정도 없는 것처럼 매도하여, 모든 가치를 절하시켜 폄훼하여서는 안 된다는 것입니다. 오히려 참신한 정치를 준비하는 사람들을 격려해주시고, 관심과 응원을 주셨으면 합니다. 한편으로 '그 나물에 그 밥'은 우리나라 정치가 한 단계 더 발전하여 극복해야 할 과제이기도 한 것입니다.

"사람은 비슷해 보여도,
진심이 있느냐 없느냐로 갈린다."

– 소크라테스

4

진보와 보수 어느 쪽이 맘에 드시나요

다름은 틀린 것이 아니라 풍요로움입니다.
방향보다 중요한 것은 사람을 향한 진심입니다.

독자 여러분은 어떤 정치 성향을 지니고 있으신가요. 혹여 진보는 긍정적이지만 좌파는 싫고, 보수는 싫은데 우파는 좋은 것이라고 오해하고 있지는 않으신지요. 정치 성향과 이념에 대해 좋다 또는 나쁘다가 아닌 대안의 제시와 실천을 위한 방향성으로 이해해보면 어떨까 싶습니다. 그리고 역사 속 배경을 다시 살펴보는 것도 도움이 될 것 같습니다.

 흔히 알려진 진보와 보수가 좌파와 우파로 나눠지게 된 시작이 어디에서 출발하였는지 먼저 살펴보겠습니다. 프랑스 대혁명 때 열렸던 국민의회 자리의 위치에서 좌파와 우파가 유래되었다고 합니다. 이 회의에서 왼쪽에는 왕정을 무너뜨리고 사회를 급진적으로 변화시키려는 사람들이 있었던 모양입니다. 좌측 자리에서 큰 변화를 요청하였으니 오늘날로 치면 이른바 진보 좌파로 명명된 것입니다. 반면 오른쪽에는 기존의 왕정을 유지하자는 보수적인 사람들이 있었습니다. 그러므로 보수 우파의 개념도 생겨난 것입니다. 그 후에도 부유한 계층을 대표하며 점진적인 변화를 원하는 사람들은 오른쪽에, 과감하게 바꾸어 개혁하자는 사람들은 자연스럽게 왼쪽으로 자리하게 되었다고 합니다.

 우리나라의 역사 속에서도 정치 성향에 따라 좌우로 나뉘는 정파의 대립이 끊임없이 나타나곤 했습니다. 단순히 현대의 진보와 보수라는 구도만 있는 것이 아니었죠. 이미 조선시대부터 정치 집단은 변화와 개혁을 추구하는 쪽과 전통과 안정을 중시하는 쪽으로 갈라졌습니다.

 조선 중기 이후 사림들이 집권하면서 조정은 동인과 서인으로 나뉘었습니다. 이 두 집단은 그 성향에서 오늘날의 진보와 보수의 모습을 각각 떠올리게 합니다. 동인은 새로운 학문과 사상을 적극적으로 받아들이며 이상적인 도덕 정치와 개혁을 지향한 것으로 평가됩니다. 반면 서인은 제도의 안정과 현실적인 균형을 더 중요하게 생각하였습니다. 다시 말해, 동인은 변화를 밀어붙이는 쪽, 서인은 변화를 신중하게 받아들이는 쪽이었던 셈입니다. 이후 서인 내부에서 다시 노론과 소론으로 갈라지면서 성격 차이는 더욱 뚜렷해졌습니다. 노론은 원칙을 중시했습니다. 강한 질서 유지를 최우선으로 삼았고, 임금보다는 사대부의 권한을 강조하는 보수가 된 것이죠. 반면 소론은 조금 달랐습니다. 현실적인 유연함을 보였고, 변화에도 일정 부분 수용적인 태도를 보였습니다. 그래서 오늘날 기준으로 본다면, 보수 안에서도 다소 개혁적인 흐름으로 볼 수 있겠습니다.

 구한말을 살펴보면, 진보와 보수의 선택이 더욱 현실적으로 느껴집니다. 세계 질서가 급변하던 시기였으니, 그 갈림길의 양상도 구체적으로 나타난 것이죠. 구한말은 일반적으로 1860년대부터 1910년대까지를 의미합니다. 역사적 사건으로는, 1876년에 강화도 조약, 1884년에 갑신정변, 1894년에 갑오개혁이 대표적으로 있었습니다. 상세한 내용을 좀 더 살펴보겠습니다.

 1876년, 조선은 일본과 맺은 강화도 조약으로 문을 열게 되었습니다. 일본의 무력 시위 앞에서 강제로 체결된 이 조약은 조선이 본격적으로 개항하는 계기가 되었습니다. 이때부터 나라 안에서는 길이 갈라지기 시작했습니다. 서양과 일본의 문물을 받아들여 근대화해야 한다는 사람들이 있었고, 반대로 전통 질서를 지키며 청나라에 의지해야 한다는 세력이 있었습니다. 이 갈림길에서 개화파와 수구파가 서로 다른 길을 걷게 된 것입니다.

 그리고 몇 년 뒤인 1884년, 개화파는 더 큰 변화를 시도합니다. 이른바 갑신정변입니다. 급진 개화파 인사들이 정변을 일으켜 서양식 개혁을 추진했지만, 그들의 정권은 불과 사흘 만에 무너지고 말았습니다. 말 그대로 삼일천하의 실패였지만, 이 사건은 상징적인 의미를 남겼습니다. 개화 세력은 급진적 개혁의 대명사로, 수구 세력은 질서를 지키려는 보수적 세력으로 각인되었던 것입니다.

 이후 1894년, 또 한 번 큰 전환점이 찾아옵니다. 바로 동학농민운동과 갑오개혁입니다. 농민들은 부패한 조정을 바로잡고, 평등한 사회에서 살기를 바랐습니다. 그 열망은 전국으로 번져나갔지만, 결과는 농민들의 처참한 죽음이었습니다. 같은 시기 개화파가 근대적인 개혁을 추진하려는 움직임이 있었습니다. 그러나 조정은 개혁적인 근대화를 받아들일 준비나 능력이 부족하였습니다. 결국 외세가 개입하면서 상황은 복잡하게 얽혔습니다. 개화는 일본의 힘에 기대는 듯한 모습으로 비쳤고, 수구파는 자주성을 내세우며 자신들의 정당성을 강조했습니다.

 우리나라 근대화의 역사는 고단하고 슬픕니다. 강화도 조약에서 시작해 갑신정변과 갑오개혁에 이르기까지, 조선은 끊임없이 선택의 순간에 서 있었습니다. 바로 개화파와 수구파의 대립입니다. 그 과정에서 아쉬운 점은 여러 가지가 있으나, 그 역시 현재의 관점에서 본 것이므로 역사를 겸허히 인정할 수밖에 없는 것입니다. 다만, 정파의 분열이 권력 다툼에 목맨 채 상대 정파를 보복하여 죽음으로까지 몰아넣는 일이 다시는 반복되지 않아야겠습니다. 퇴보하는 역사는 부끄러운 것입니다. 이어지는 일본에 의한 우리나라의 식민지 근대화가 눈물이 나는 이유입니다.

 1987년 대통령 직선제 도입 이후, 우리나라 정치에 신선한 바람이 불기 시작하였습니다. 권위주의에 맞서는 시민운동이 음지에서 나왔으며, 인권의 중요성을 외치는 소위 진보세력이 등장하여 호응을 얻었습니다. 또 그와 동시에 기존 질서의 와해를 우려하여 전통과 안정을 더욱 강화해야 한다는 이른바 보수 진영도 상대적으로 목소리를 내게 되었습니다. 그렇지만 우리나라 현대 정치에서 진보와 보수를 설명할 때, 서로가 동떨어져 대립하는 개념으로 설명하는 것에 무리가 있다고 생각됩니다. 왜냐하면 사회의 변화에 대한 이해와 대응 방식은 획일적으로 같을 수 없기 때문이죠. 그리고 사회문제를 객관적인 근거를 통해 정확히 인식하는 것이 중요한 점일 것입니다. 그 대안을 다양한 각도에서 모색하여 제시하기 위해서는 진보와 보수의 입장과 가치의 차이를 인정하는 것이 현명할 것입니다. 우리나라의 정치가 그만큼 역동적이었다는 뜻이기도 한 것입니다.

 진보와 보수의 혼돈 속에서도 훨씬 더 중요한 문제는 오늘날 우리 사회가 직면한 여러 가지 과제들입니다. 즉, 정파와 이념은 다르더라도 반드시 국가의 생존을 위해 필요한 정치 영역이 존재하는 것입니다. 그리고 국민의 안전과 재산을 보호하는 기능은 모든 정치 행위의 근간이라고 할 수 있겠습니다. 가장 주된 정치 과제로 경제 위기 극복이 대두되는 것 역시 국가의 구성원인 국민의 삶을 결정짓는 중요한 요소가 경제성이기 때문입니다. 글로벌 경쟁 속에서 균형 잡힌 정책을 내놓고 발 빠르게 세계 시장의 흐름에 대처

하는 것이 필요하다고 하겠습니다. 이에 소득과 분배의 문제나 경제 민주화 같은 논쟁에 집착하게 되면 자칫 시대의 트렌드를 따라가지 못하는 뒷걸음 정책이 될 수 있습니다. 따라서 기업의 경쟁력을 중시하고 시장의 자유와 사회적 약자의 권익을 위한 복합적인 경제정책이 우선해야 한다고 생각합니다.

 다음으로 지역과 세대, 성별 사이에서 나타나는 사회적 갈등을 완화해야 할 필요가 있습니다. 특히 다양한 의견과 목소리에 귀 기울이고, 소수라고 할지라도 숫자에 의해 소외되지 않도록 배려해야 합니다. 현실적으로 정치인들은 자신을 지지해준 많은 유권자가 있는 곳을 조금이라도 신경을 더 써주게 마련입니다. 하지만 정치가 발전하려면 다양한 사회 구성원이 자유롭게 의견을 표출하고 선입견 없이 대우받아야 합니다. 정치인 스스로가 이런 갈등 구조를 이용하여 갈라치기를 하지 않도록 주의해야 할 것입니다.
 또한 외교와 국제 협력을 통한 국익 창출에도 진영을 넘어서는 노력이 있어야 합니다. 국제 교류 협력은 우리나라의 안보와 경제적 위상을 높이는 데 필수적인 부분입니다. 그리고 남북 대치 상황에서 국가의 생존 문제와 직결되는 동맹과 평화 유지를 위한 길이기도 합니다. 그러기 때문에 우리나라의 정치는 진보와 보수의 가치를 서로 인정하고 때로 충돌과 대립을 거듭하더라도 반드시 통합과 대화의 장을 마련하는데 게을러서는 안 되겠습니다. 변화와 전통, 개혁과 안정은 보수와 진보라는 이름으로 함께 공존하여 살아 움직이는 정치인 것입니다.

"자유 없는 진보는 방종이고,
전통 없는 보수는 공허하다."

– 에드먼드 버크

5

공룡 선거구 획정
멀고도 험한 길

공정함은 반드시 가야 할 길입니다.
진짜 개혁은 과감한 도전과 용기가 뒷받침되어야 합니다.

우리 홍천군 지역은 우리나라 시·군 가운데 면적이 가장 넓습니다. 서울의 3배입니다. 그렇지만 인구는 점차 감소하여 인구소멸을 걱정해야 하는 지역이기도 합니다. 한 마디로 땅은 넓고 사람이 없으니, 그 살림살이 운영에 어려움은 어쩌면 당연히 귀결되는 문제일 것입니다. 이럴 때일수록 정치 분야에서 민의를 반영하고 행정의 효율성을 높여야 살아남는 지자체가 될 것입니다. 그런데 넓은 홍천군의 국회의원 선거구 획정은 고개를 갸우뚱하게 만듭니다. 우리 홍천군 외에도 횡성군, 영월군, 평창군이 함께 묶여있기 때문입니다. 이렇게 큰 덩어리의 군 단위 지역이 네 개가 있으니, 애로사항도 많을 수밖에 없습니다.

선거구 획정이 우리 홍천군에 얼마나 어려움을 주었는지는 제20대 총선으로 조금 거슬러 올라가 보면 더욱 여실히 알 수 있습니다. 당시 우리 홍천군은 철원, 화천, 양구, 인제군과 함께 같은 선거구에 있었습니다. 비교를 위해 서울시 동대문을 지역구와 따져 보겠습니다. 국회의원은 두 지역구 모두 한 석이지만, 지역구의 면적은 무려 948배의 차이가 났습니다. 이렇게 엄청난 면적의 차이는 실제로 국회의원이 지역구를 돌보는 정치 행위에도 큰 영향을 미쳤을 것입니다. 철원군청을 출발하여 화천, 양구, 인제를 거쳐 홍천군청에 도착하려면 최단 거리를 따져도 194.8km입니다. 도로 사정을 참작하면 차량으로 약 3시간도 더 달려야 하는 거리입니다.

 도대체 어째서 인구가 줄어드는 지방의 사정을 고려하지 않고 천편일률적으로 인구수만을 기준으로 한 획정이 이뤄졌는지를 살펴보겠습니다. 가장 핵심적인 근거는 2014년 헌법재판소의 공직선거법 선거구 획정과 관련한 헌법 불합치 결정이었습니다. 그 이전에도 선거구별 인구 편차 문제는 기준이 바뀌어 온 전례가 있었습니다. 1995년에는 인구 편차 기준을 4대 1로 정했었고, 2001년에는 3대 1로 낮추는 결정이 있었습니다. 그리고 그 비율을 2대 1까지 더 내리라는 새로운 결정이 있었던 것입니다. 여기서 말하는 몇 대 몇의 비율은 지역구의 최대인구와 최소인구의 대비를 의미합니다. 헌법재판소의 논리는 복잡하지 않습니다. 서울시와 같은 도심과 우리 홍천군과 같은 시골 지역의 인구 차이를 두 배 정도까지만 허용하여 선거구를 획정해야 한다는 말입니다. 근거로는 투표 가치의 평등성이었습니다. 즉, 우리 국민 누구나 1인 1표의 투표권을 갖음에 있어, 도심지역 유권자라고 하여 시골 유권자보다 투표의 가치를 지나치게 줄여서는 안 된다는 취지로 해석됩니다.

 안타까운 것은 선거구 획정 인구수에 대한 헌법재판소의 결정이 막상 우리 홍천군에는 전혀 도움이 되지 못한다는 점입니다. 앞서 언급하였듯이, 국회의원 한 명이 감당해 내야 하는 지역구 범위가 지나치게 큽니다. 이동시간은 물론이고 지역의 충분한 민의를 반영하는 데 물리적인 제약이 따를 수밖에 없다고 여겨집니다. 그리고 가뜩이나 어려운 시골의 농민들이 겪는 농업 현실을 생각해본다면 더욱 씁쓸한 결정이 아닐 수 없습니다. 또 각 지자체 간 주민들의 생활권이란 것도 있습니다. 문화와 환경적인 특징도 배려되어야 할 부분일 것이고요. 결국 이런 제약으로 인한 피해는 고스란히 지역 사람들의 몫이 되는 구조입니다.

 현행법으로는 강원도의 모든 군 단위의 지역이 선거구 획정 때마다 주변 지역에 소위 '헤쳐모여'를 연이어 할 수밖에 없습니다. 지자체를 네 개에서 심지어 다섯 개까지 묶어 국회의원 한 석을 배분하는 것은 법이 현실을 따라가지 못하는 지체현상과도 같은 것입니다. 아마 지금처럼 유지된다면, 다음 총선 때에도 서울시는 48석, 강원도는 8석으로 국회의원이 정해질 것입니다. 강원도는 인구가 줄어드는 속도가 빠르므로 그 차이는 더 가속될지도 모르고요. 강원도가 서울시와 비교하여 면적이 28배가 넓은 곳인데, 의석수는 6분의 1이라니, 이 문제는 반드시 현실에 맞게 조정이 필요할 것으로 보입니다.

 사실 이촌향도 현상은 과거부터 꾸준하게 이어진 일이므로 새삼스럽게 오늘날의 문제만도 아닙니다. 도시 집중화를 완화 시키고 지방의 특성화를 지원하는 것은 정부의 중요한 과제이기도 하고요. 아무리 인구가 없는 지방 도시라고 해도 정치적으로 소외되고 있다는 상실감이 들지 않도록 현명한 대안이 나오기를 희망합니다. 지역의 대표성과 특성과 지역 균형개발의 측면까지 고려하는 선거구 획정은 우리 홍천군의 새로운 도약과 발전에도 큰 원동력으로 발휘될 것입니다.

"정의의 길은 멀고 험하지만,
결국 그 길만이 사회를 구한다."

– 마틴 루터킹

6

답을 찾아
현장 속으로

답은 책상 위가 아니라 사람 속에 있습니다.
현장은 늘 솔직한 진실을 말해줍니다.

정치는 책상 위의 논리나 수치만으로는 완성되지 않습니다. 그 답은 언제나 현장에서, 주민들과 함께하는 시간 속에서 찾을 수 있다고 생각합니다. 지역의 크고 작은 문제는 공문서와 보고서 안에만 담겨 있는 것이 아니라, 주민들의 삶과 목소리 속에 녹아 있습니다. 실제로 지역을 다녀보면, 많은 지역 주민 여러분들께서 이미 해결방안이나 아이디어를 가지고 계신 경우가 상당히 있습니다. 또한 귀농 귀촌을 하신 분들은 다른 지역의 현황을 경험으로 잘 알고 계시기 때문에 오히려 지역에서 장기간 거주한 주민보다 더 객관적인 방안을 내놓을 수 있기도 합니다. 따라서 좋은 지역 정치는 늘 현장을 다니며 주민의 이야기를 선입견 없이 직접 듣고, 그 속에서 해법을 찾는 자세를 가져야 한다고 생각하는 것입니다.

　지방정치에서 가장 중요한 것은 '발로 뛰는 정치'라고 확신합니다. 그래서 가능하면 소외된 주민들을 직접 찾아가서 만나기를 희망합니다. 사람들이 많이 모여있는 곳을 찾아다니는 정치와는 다릅니다. 행사장 위주의 귀빈석에 참석하는 것을 지양합니다. 물론 기존의 관행들을 무시할 수 없습니다. 당연히 지켜야 할 관행과 예의에는 충실해야 합니다. 하지만 인기를 얻지는 못하여도 수많은 현장을 직접 다니며 주민들의 불편과 요구를 듣고, 그에 맞는 정책을 고민해야 합니다. 시간의 분배와 원칙을 올곧게 세워 실천해야 하는 이유입니다. 말로만 현장을 이야기하는 것은 가벼운 일입니다. 공부하고 연구하여 충분한 자료를 제시할 수 있는 준비성이 있어야 합니다. 그런 후 현장에 재방문해야 합니다. 주민들의 고충 사항을 마냥 들어만 주는 것으로 진정한 소통이라 할 수 없기 때문입니다. 험한 길이라도 발로 뛰어야 하고, 또 쉼 없이 공부해야 합니다.

 지방자치의 현장에는 여전히 잘못된 관행으로 인한 고통받는 주민들이 있습니다. 행정 절차가 불투명하거나, 특정 집단의 이해관계에 치우쳐 소외되는 이웃들이 있습니다. 이런 불합리한 구조 속에 소외된 주민들을 보호하는 것이 중요하다고 생각합니다. 힘 있는 사람의 목소리가 아니라, 아픈 사람들의 눈물을 닦아주는 것이 중요하다고 믿기 때문입니다. 또한 지역의 첨예한 현안 앞에서 도망치지 않고 정면 돌파하는 카리스마도 필요합니다. 때로는 계산보다 원칙과 소신이 더 큰 용기가 됩니다. 어떤 갈등 상황에서도 피해 가지 않고, 지역 주민들과 마주하며 당당히 해법을 찾는 과정을 밟을 것입니다. 그것이 진정한 리더십이며, 주민이 원하는 모습이라고 생각합니다.

 우리 홍천에도 해결해야 할 현안들이 많습니다. 그중 하나는 농촌 지역의 인구 감소와 고령화 문제입니다. 홍천은 아름다운 자연과 풍부한 자원을 갖춘 곳이지만, 젊은 층의 이탈로 마을에 활기가 사라진 지 한참이 지났습니다. 농업 기반이 무너지고, 지역 경제가 위축되는 현상이 곳곳에서 나타나고 있습니다. 그런데 누구나 다 아는 문제이지만, 막상 해법을 내놓기는 쉽지 않습니다. 이러한 문제를 해결하기 위해 찾을 곳은 역시 현장입니다. 예컨대, 홍천의 청년들이 농업과 관광, 문화 산업에 새로운 활력을 불어넣을 수 있도록 지원하는 정책이 필요합니다. 이를 위해 직접 마을을 돌며 청년들과 대화하고, 그들의 아이디어와 희망을 정책에 반영해야 합니다. 그 과정에서 지역 어르신들의 삶도 함께 지켜낼 수 있는 세대 간 상생 모델을 만들 수 있을 것입니다. 결국 현장 속에서 뛰어다녀야 하는 것입니다.

"실천 없는 이론은 공허하고,
이론 없는 실천은 위험하다."

– 임마누엘 칸트

7

살아있는 지역 정치
본질과 역량

가장 가까운 곳에 정치가 있어야 합니다.
지역은 우리의 터전이며 행복의 근간이 되는 곳입니다.

정치에 대해 여러 생각을 해보았지만, 결국 정치는 사람의 삶을 다루는 일입니다. 그래서 정치의 출발점은 늘 주민들의 생활 속에 있는 것입니다. 특히 지역 정치는 중앙정치와는 다른 측면이 있습니다. 중앙정치가 큰 국가적 틀에서 정책과 방향을 설정하는 장이라면, 지역 정치는 그야말로 피부에 와 닿는 현실과 함께 있습니다. 주민 한 사람 한 사람의 목소리가 곧 정치의 출발점이 되고, 좁지만 치열한 현장에서 생활의 문제를 해결하려는 것이 지역 정치의 본질이라고 생각합니다. 이는 앞서 말씀드린 현장에서 답을 찾고 발로 뛰는 정치와 같은 맥락일 것입니다.

주민들이 가장 자주 마주치는 정치인은 국회의원도, 장관도, 심지어 대통령은 더욱 아닙니다. 바로 지방의회 의원이나 기초단체장입니다. 주민센터에 가면 불편을 토로할 수 있고, 읍, 면사무소를 통해 민원을 제기할 수 있으며, 동네에서 열린 간담회에 가면 바로 대면할 수 있습니다. 정치가 주민 곁에 있다는 사실을 체감하는 것은 바로 이런 순간들입니다. 그렇기에 지역 정치는 그 자체로 무겁고도 절실한 책임을 지닙니다.

정당정치와 지역 정치의 관계에 대한 부분도 아쉬움이 큽니다. 정당은 본래 정치적 목적을 달성하기 위한 수단이어야 합니다. 주민의 뜻을 모으고, 정책을 실행할 기반을 만들며, 공통의 가치를 추구하는 매개체여야 합니다. 그러나 실제로는 이 수단이 곧 목적이 되어 버리는 경우가 많습니다. 이런 목적 전치 현상은 어디에서부터 시작되었을까요. 정당 내부의 이익 계산과 당리당략이 앞서면서, 정작 주민들의 현실적인 목소리가 뒷전으로 밀려나는 일이 생겨나기도 합니다. 중앙정치에서 벌어지는 정쟁과 대립이 지역 정치에 그대로 내려와, 본질과 상관없는 소모적 갈등만 확대되는 경우도 적지 않습니다. 이런 상황 속에서 주민들의 삶은 개선되지 않고, 정치에 대한 불신은 더욱 깊어집니다.

 선거 때마다 되풀이되는 논란이 있습니다. 바로 지방의회의원 정당 공천제에 대한 의문입니다. 정당 공천제는 말 그대로 정당의 이름으로 후보자를 추천하기 때문에 검증되고 책임감이 강하다는 장점이 있습니다. 그리고 실제로 후보 검증이나 선거 준비과정도 일반 무소속 후보들보다는 체계적인 측면도 기대됩니다. 이렇게 볼 때, 각 정당과 후보자와의 실제 상황에 따라 차이는 있을 수 있지만 공천제 자체가 불합리한 것은 아닙니다. 다만 문제는 지역 현안을 해결하는 과정에서는 당의 지침이 발목을 잡는 경우의 소지가 있다는 점입니다. 민주적 경쟁과 검증의 도구로 유용한 정당 공천제도가 선거 후에는 오히려 특정 세력의 이익을 위한 도구로 전락한다는 비판은 안타까운 일입니다. 그래서 선거철만 되면 "차라리 지방의원은 무소속으로 주민만 바라보게 하는 것이 옳지 않겠는가"라는 목소리가 높아지는 것입니다. 하지만 저의 경험상 정당 공천제가 존재하는 한, 무소속 출마의 경쟁 구도는 너무나 어려운 길이었습니다. 많은 주민께서 지역 정치는 균형 잡힌 정치가 필요하다며 격려해주시지만, 선거의 당락은 정당 선택이 결정적 요인이 되는 경우가 있으니 선거판의 아이러니라고 할 수 있겠습니다. 특정 정당의 논리에 휘둘리지 않고, 주민의 삶을 기준으로 판단하는 균형감각이야말로 지역 정치의 가장 중요한 덕목입니다. 그것은 단순히 중립을 지킨다는 뜻이 아닙니다. 오히려 치우침 없이 문제의 본질을 꿰뚫어 보고, 그 해결책을 찾아내는 힘을 말합니다. 정치인이 주민 곁에 서서 그들의 목소리를 가감 없이 담아낼 수 있을 때, 비로소 지역 정치는 제 역할을 다할 수 있을 것입니다. 정당의 이념을 함께 추구하면서도 지역의 문제를 해결해나가는 역량이 지방정치에서 필수적인 까닭입니다.

"정치는 사람들의 삶 속에 뿌리내릴 때만
힘을 갖는다."

– 존 F. 케네디

6

홍천, 수도권 도시를 준비하자

1
직시해야 할 홍천의 현실

변화를 꿈꾸려면 먼저 현실을 직시해야 합니다.
아픈 곳을 외면하지 않는 용기, 그것이 시작입니다.

홍천은 강원도의 중심에 자리하고 있으면서도 역설적으로 고립된 지역이라는 평가를 받고 있습니다. 사통팔달이라던 홍천의 교통은 과거형일 뿐입니다. 시속 305km의 고속열차가 다니는 시대에 홍천은 고속도로 외에는 기차도 항공편도 전혀 없는 상황입니다. 수도권과 근거리임에도 불구하고 교통의 불편과 정책적 소외로 인해 홍천은 늘 변방의 자리에 머물렀습니다. 게다가 오늘날 저출산, 고령화라는 거대한 파도까지 전국을 뒤덮으면서 그 위기감은 최고조에 이르렀습니다. 홍천은 더 이상 과거의 방식대로 머물러서는 안 되는 상황입니다. 현실을 직시하고 변화와 혁신을 모색해야 하는 시점에 서 있습니다. 지역의 존립 자체가 흔들릴 수도 있다는 위기의식이야말로 새로운 미래를 열기 위한 출발점이 될 것입니다. 그런 의미에서 홍천의 주어진 상황들을 몇 가지로 구분하여 살펴보겠습니다.

 먼저 홍천은 강원도 내에서도 가장 넓은 면적을 자랑합니다. 무려 1,819.73㎢로, 서울의 세 배가 넘는 광활한 땅이 있습니다. 그런데 어째서인지 이렇게 넓은 땅에 대한 활용은 미비합니다. 인구는 2024년 기준 약 6만 6천여 명이라고 합니다. 그나마도 인구 수치는 계속 줄어드는 추세이며, 출산율 감소와 고령화의 가속은 지역의 활력을 떨어뜨리고 있습니다. 홍천에 정착하여 살려면 기본적인 정주 요건이 갖추어지고 일자리도 있어야 합니다. 그런데 막상 홍천에 사람들이 모이지 않는 이유에는 냉정한 평가가 부족한 듯합니다. 넓은 땅과 풍부한 자원이라는 두 가지 장점을 갖고 있음에도 불구하고, 이를 바탕으로 한 자원 활용이나 전략적 실행이 체계적으로 이루어지지 못하였다는 점을 인정해야겠습니다.

다음으로 홍천의 경제 구조를 살펴보면, 홍천읍의 시장과 상가들은 상업지대를 이루고 있습니다. 그리고 대부분 홍천의 산업은 농업이 큰 비중을 차지하고 있습니다. 그런데 의아스러운 것은 홍천이 농업 중심의 도시라고 하여 발전이 늦어져야 할 필연적인 이유가 있지는 않다는 점입니다. 오히려 전국적으로도 이름난 '홍천한우'와 '홍천찰옥수수', 그리고 깨끗한 환경에서 자란 인삼과 쌀은 이미 뛰어난 품질로 인정받고 있습니다. 홍천의 농업이나 농산물의 수준이 결코 다른 지역에 비하여 밀리지 않는다는 것은 명백합니다. 이미 농업기술센터를 중심으로 성과를 도출하고 있으나, 시대의 흐름에 맞춰 지역의 고부가가치를 얻으려는 다양한 노력은 더욱 필요합니다. 일자리를 구하려는 사람들에게는 늘 부족한 일자리이지만, 정작 홍천의 농촌 일자리는 사람이 없어서 걱정입니다. 외국인들에게 의존해야 하는 우리 농촌 일자리의 현실을 도시 농촌 간의 일자리 연계를 통하여 해결하는 방안을 검토하는 것이 필요할 것입니다. 여하튼 홍천의 경제 역시 새로운 바람이 불지 않는 이상, 현상 유지도 쉽지 않을 전망입니다.

흔한 표현으로 강원도가 '산 좋고 물 좋다'는 것을 모르는 사람은 없을 것입니다. 홍천의 자연환경 또한 그 어디에 내놓아도 빠질 것이 없습니다. 맑은 공기와 계곡, 산림이 어우러진 경관은 사계절 모두 매력을 발산하고 있습니다. 특히 143km의 홍천강은 많은 잠재적 가능성을 가지고 흐르고 있습니다. 그렇지만 홍천은 늘 무궁한 잠재력만 가지고 그동안을 버텨온 것은 아닌지도 반성해보아야 할 것입니다. 실질적으로 홍천이 공기가 정말 깨끗한지, 물이 참으로 맑은지 따져보아야 할 때입니다.

 그리고 홍천은 고려시대 때부터 홍천으로 지명이 정해져 역사가 천년이 지난 곳입니다. 그런데 막상 홍천에 사는 사람들에게 새로운 천년에 대한 비전은 제시되지 않는 것 같습니다. 역사와 민족문화에 대한 자긍심이 부족한 탓일까요. 아니면 내 고장 홍천에 대한 정체성마저 흔들려서일까요. 이를 상징적으로 보여주는 것이 홍천의 박물관 상황입니다. 인근 영월군에는 무려 22개가 넘는 박물관이 운영된다고 합니다. 그래서인지 영월군은 지역 경제와 이미지 제고에 큰 성장을 하는 것으로 보입니다. 그런데 홍천에는 제대로 된 종합 박물관은 고사하고 테마 박물관조차 보이지 않습니다. 향토사료관을 증축하여 만든 '홍천박물관'은 지역의 풍부한 역사와 문화를 담아내기에는 기본적인 부분에서조차 아쉬움이 가득한 실정입니다.

앞서 홍천이 면적은 넓은데 인구는 부족하다고 말씀드렸습니다. 그런데 홍천의 인구 구조를 자세히 살펴보면 지역의 미래를 예측하는 데 큰 도움이 될 것입니다. 홍천의 인구 중 65세 이상 노인의 비율은 30%에 근접하고 있으며, 합계출산율은 0.8명 이하로 떨어졌습니다. 이는 전국 평균을 밑도는 수준으로, 미래의 노동력 부족과 지역 공동체 약화를 예고합니다. 이러한 내용은 굳이 수치를 살피지 않더라도 거의 상식에 가까운 일일 것입니다. 실제로 70년대까지만 해도 13만 명을 웃돌던 인구가 현재는 6만 명대로 감소했습니다. 마을의 학교는 폐교되었습니다. 구멍가게는 문을 닫았습니다. 이런 흐름을 방치한다면 홍천은 앞으로도 인구 감소와 경제 침체의 악순환을 피하기 어려울 것입니다. 이러한 총체적인 위기의 홍천에 돌파구는 어디에서 찾아야 할까요.

"현실을 직시하지 않는 눈은
미래를 볼 수 없다."

– 조지 오웰

2

홍천 철도
두 정치인의
우여곡절 이야기

모두 지역을 위한다는 명분은 같습니다.
하지만 기차는 경쟁보다 협력이 더욱 필요하였습니다.

건설되었어도 벌써 되어 있어야 할 홍천 철도가 2025년 여름까지도 확정되지 않은 이유는 무엇일까요. 홍천의 많은 변화와 선순환을 일으킬 수 있는 홍천 철도는 아직도 예비타당성 조사 발표를 앞두고 있지만, 최근 들어 갑자기 나타난 것은 아닙니다. 홍천 철도 건설에 어떤 지난 이야기들이 있었는지 지역 언론에 게시되었던 내용을 바탕으로 잠시 살펴보겠습니다.

홍천 철도 건설 문제는 지난 2000년대 후반 지역 정치권에서 중요한 논란거리로 떠오른 바 있습니다. 2006년 하반기에 예비타당성 조사가 실시되었고, 2007년 7월에 결과가 발표되었습니다. 그러나 비용 대비 편익과 정책적 판단 지표 모두 기준치에 미치지 못해 사업 추진이 불가하다는 결론이 내려졌습니다. 사실상 용문면에서 홍천읍까지 인구, 교통 이용량, 건설비용, 경제적 이익 등을 따진다는 것은 결과가 뻔히 예상되는 것이었습니다. 홍천은 인구가 소멸하는 지역이기 때문에 타당성 조사에 '국토 균형발전'이라는 정치적 고려사항이 반드시 들어가야 했던 것입니다. 그런데 홍천의 전직 국회의원 두 분의 의견은 전혀 달랐습니다.

사건의 발단은 사업성이 부족하다는 결론의 예비타당성 조사 발표 이후였습니다. 정부가 편성하는 2008년도 예산안에는 당연히 홍천 철도 관련된 예산이 포함되지 않았습니다. 그런데 문제가 된 부분은 이후 국회 심의 과정에서 '기본계획 수립비' 명목으로 10억 원이 새롭게 반영된 것이었습니다. 황영철 전 의원은 이를 "정체불명의 끼워 넣기"라고 주장했습니다. 정부가 직접 편성하지 않았던 예산이 국회 심사 과정에서 갑자기 추가된 것이고, 무엇보다 이 예산은 2008년 한 해 동안 전혀 집행되지 못한 채 불용 처리되었습니다. 황 의원은 정부가 일반적으로 예산을 불용 처리하지 않으려 애쓴다는 점을 강조하며, 집행되지 못했다는 사실 자체가 이 사업이 애초에 추진 불가능했음을 보여주는 것이라고 설명했습니다. 따라서 해당 예산을 근거로 사업이 이미 확정된 것처럼 주민들에게 말한 것은 사실을 왜곡한 것이라고 비판했습니다.

반면 조일현 전 의원은 이 예산이 자신의 노력으로 정당하게 확보된 것이라고 반박했습니다. 그는 국회의 예산 심의 과정에서는 증액과 삭감이 흔히 발생하며, 자신이 국토 균형발전과 통일 대비라는 명분을 들어 정부와 국회를 설득했다고 강조했습니다. 결국 어렵게 얻은 성과가 바로 이 10억 원이라는 것입니다. 따라서 예산이 불용 처리된 것은 사업이 불가능했기 때문이 아니라, 정권이 교체되면서 새로운 정부가 의도적으로 집행하지 않았고, 지역 정치권이 이를 지켜내지 못했기 때문이라는 주장을 내놓았습니다.

양측의 주장은 예산 불용 처리의 원인을 어떻게 바라보느냐에서 뚜렷하게 갈렸습니다. 황 의원은 "불용 처리 자체가 사업 불가능의 증거"라고 보았고, 조 전 의원은 "정부가 의지를 갖고 집행하지 않은 탓"이라고 규정했습니다. 또한 예비타당성 조사의 결과를 해석하는 방식에서도 두 사람은 입장의 차이가 확실했습니다. 황 의원은 타당성 조사가 낮게 나온 이상, 단순히 국회에서 예산을 끼워 넣는 방식으로는 사업을 추진할 수 없다고 보았습니다. 따라서 강원도의 특수성을 제도에 반영해 예비타당성을 개선하고, 장기적으로 다른 철도망 건설 시 홍천을 경유하도록 하는 것이 현실적인 방법이라고 강조했습니다. 반면 조 전 의원은 예비타당성 결과가 낮다고 해서 반드시 사업이 불가능한 것은 아니라고 주장했습니다. 실제로 호남고속철도와 원주 강릉 복선전철처럼 낮은 점수를 받고도 추진된 사례가 있다는 점을 근거로 들며, 국회의원의 의지와 정치적 설득력이 있다면 가능하다고 강조했습니다. 앞으로의 전략에서도 의견은 일치하지 않았습니다. 황 의원은 장기적으로 추진되는 용문 춘천 철도 구간이 홍천을 경유하도록 하는 방안을 현실적인 대안으로 제시했습니다. 반면 조 의원은 이미 예산이 반영된 홍천 용문 철도를 다시 추진하는 것이 빠른 길이라고 주장했습니다. 기존 계획을 살려내고 정부를 압박하는 것이 주민들에게 실제로 도움이 될 것이라는 입장이었습니다.

 결국 이 논쟁은 "국회에서 반영된 10억 원이 실질적 의미를 가진 예산이었는가"라는 질문으로 귀결됩니다. 황 의원은 그것이 실현 불가능한 사업을 정치적으로 포장한 것이라고 해석했으며, 조 전 의원은 정부가 집행을 회피했을 뿐 충분히 가능한 사업이었다고 주장했던 것입니다. 하나는 제도적 한계를 인정하고 장기적인 대안을 모색하는 현실주의적 관점이며, 다른 하나는 정치적 설득과 강한 의지를 통해 제도를 넘어서는 방식입니다. 어느 쪽이 옳았는지는 쉽게 단정하기 어렵지만, 분명한 것은 두 국회의원 모두 홍천의 발전과 철도 유치를 바라는 마음에는 차이가 없었다는 점입니다. 결국 주민들에게 필요한 것은 사실에 근거한 냉정한 판단과 함께, 장기적 비전과 현실적 실행력을 겸비한 정책적 접근일 것입니다.

"길을 아는 것과 길을 걷는 것은 전혀 다르다."

— 공자

3

수도권 시대는
철도가 연다

수도권 시대는 전국으로 확장되고 있습니다.
홍천의 운명을 바꿀 수 있는 유일한 방법은 철도입니다.

홍천은 위기 속에서도 기회를 품고 있습니다. 수도권과 가까운 입지는 홍천이 살아날 수 있는 천금과도 같은 조건이고요. 개발되지 않은 천혜의 자연과 넓은 면적은 단점이 아니라 오히려 새로운 성장 동력이 될 수 있는 요소입니다. 서울에서 자동차로 불과 1시간 거리, 춘천·원주 등과 연결되는 지리적 위치는 교통 인프라만 제대로 갖춰진다면 홍천이 강원도의 중심이자 수도권과 강원 내륙을 잇는 관문이 될 수 있음을 보여줍니다. 바로 이 지점에서 철도의 개설은 결정적 의미를 갖습니다.

홍천은 오랫동안 철도가 닿지 않는 '철도 사각지대'입니다. 다른 강원 지역들이 고속철도와 광역 교통망을 확충하는 동안 홍천은 도로 교통에만 의존해 왔습니다. 그 결과 홍천은 물류비가 높은 편이고, 관광객의 접근성이 떨어지며, 청년층이 정주할 매력을 느끼기 어려운 구조가 고착화되었습니다. 그러나 중앙정부 차원의 철도망 계획과 연계하여 홍천을 경유하는 철도 노선이 개설된다면 상황은 크게 달라질 수 있습니다. 철도는 단순한 교통수단이 아니라, 사람과 자본과 정보가 오가는 생명선이기 때문입니다. 철도 개통은 홍천의 산업 구조를 다변화하고, 문화·관광 자원을 전국적으로 연결할 것입니다. 수도권과의 접근성을 획기적으로 개선할 수 있는 돌파구가 될 것입니다.

철도와 연계된 다양한 프로젝트는 구체적인 지역의 발전 전략으로 이어질 수 있습니다. 예를 들어, 철도역을 중심으로 한 복합 문화 공간, 지역 농산물을 활용한 특산물 유통 거점, 관광상품 및 전통시장, 역사와 문화를 담아낼 테마 공간 건립 등이 가능합니다. 또한 철도를 활용한 관광 루트 개발, 친환경 교통 중심지로서의 브랜드 구축은 홍천이 단순히 '지나는 지역'이 아니라 '머무는 지역'으로 변모하는 계기를 마련할 것입니다. 청년 인구가 돌아와 창업하고, 지역 자원이 고부가가치로 전환되며, 문화와 교육 시설이 확충되는 선순환의 구조가 가능해질 것입니다.

 홍천에 철도가 들어서는 일은 단순히 교통망을 확충하는 차원이 아니라, 지역의 미래를 완전히 새롭게 설계하는 출발점이 될 수 있습니다. 철도는 인적·물적 흐름을 촉진하는 핵심 기반 시설로서, 경제와 관광, 문화와 정주 환경에 걸쳐 깊은 변화를 일으킵니다. 수도권과 직접 연결되는 철도의 개통은 홍천을 단순히 지나가는 지역이 아닌 머무르고 싶은 지역으로 변화시키는 결정적 계기가 될 것이며, 그 효과는 여러 분야에서 두드러지게 나타날 것입니다.

 무엇보다도 철도는 역세권을 중심으로 새로운 활력을 불어넣습니다. 역 주변은 자연스럽게 상업과 문화의 중심지가 되며, 복합 문화 공간으로 조성될 수 있습니다. 작은 공연장, 도서관, 청년 창업 공간, 공유 오피스 등이 들어서면 청년들이 창의적인 아이디어를 실현할 수 있는 기회를 얻고, 동시에 지역 주민들에게도 생활의 활력을 제공하게 됩니다. 여기에 홍천의 대표 농축산물인 사과, 잣, 한우 등을 판매할 수 있는 특산물 판매장과 로컬푸드 직매장이 함께 자리한다면, 생산자와 소비자가 직접 연결되는 유통 구조가 형성되어 지역 농업에도 긍정적인 영향을 미칠 것입니다.

 홍천이 가진 자연환경과 문화적 자산은 철도를 통해 더욱 가까워지고, 수도권 주민들이 쉽게 찾아올 수 있는 장점이 생깁니다. 지금까지는 교통의 불편으로 인해 잠재력이 충분히 발휘되지 못했지만, 1시간대 접근이 가능해진다면 주말에 부담 없이 다녀갈 수 있는 관광지로서의 매력이 커집니다. 실제로 여주가 전철 개통 이후 '주말 나들이 명소'로 자리매김한 것처럼, 홍천 역시 수도권 주민들에게 친근한 여행지로 자리 잡을 가능성이 큽니다. 관광 루트 개발이 활성화되면 하루 일정으로 즐기는 당일치기 여행뿐 아니라 1박 2일, 2박 3일 체류형 여행도 가능해져 지역 경제 전반에 큰 도움이 됩니다. 전통시장 방문과 함께 자연 속 체험을 즐기는 프로그램, 지역 박물관과 전시관에서 홍천의 역사를 배우는 일정 등이 더해진다면, 단순한 관광이 아니라 문화와 체험이 어우러진 깊이 있는 여행이 될 수 있습니다.

또한 철도는 홍천을 친환경 도시로 성장시킬 수 있는 중요한 발판이 됩니다. 철도 자체가 친환경 교통수단이기 때문에 자동차 이용을 줄이고 탄소 배출을 감소시키는 효과가 있습니다. 여기에 전기 셔틀버스, 자전거 공유 서비스, 친환경 관광 차량 등을 역세권과 연계해 운영한다면, 홍천은 수도권과 연결되면서도 독자적인 친환경 교통 허브로 자리매김할 수 있습니다. 이는 단순히 도시 이미지를 개선하는 차원을 넘어, 환경을 중시하는 기업 유치와 정책적 지원으로 이어질 수 있으며, 장기적으로는 '친환경 녹색도시'라는 브랜드를 강화하는 결과로 이어질 것입니다.

철도의 개통은 청년들에게도 새로운 가능성을 열어줄 것입니다. 현재 홍천은 다른 강원 내륙 지역과 마찬가지로 청년 인구의 유출이 큰 고민거리입니다. 그러나 철도가 개통되면 홍천에 거주하면서도 수도권에서 일하거나 활동할 수 있는 기반이 마련됩니다. 이는 곧 정주 여건 개선으로 이어지고, 지역 내에서 창업을 고민하는 청년들에게도 큰 힘이 됩니다. 지역 자원을 활용한 6차 산업 창업이나 로컬 브랜드 카페, 체험형 농촌 마을 운영 등은 철도를 통해 물류비 절감과 빠른 시장 접근이 가능할 것이기 때문에 기대감이 더욱 큰 상황입니다. 청년 인구가 늘어나면 자연스럽게 소비도 증가하고, 이는 교육·문화·주거 인프라 확충으로 이어지면서 선순환 구조가 완성됩니다.

실제로 비슷한 사례를 찾아보면 그 가능성은 더욱 분명해집니다. 예를 들어 원주는 KTX 연결 이후 혁신도시와 연계해 청년 인구가 늘어나고, 문화·의료·교육 인프라가 크게 확충되었습니다. 여주는 경강선 개통 이후 전통시장이 활기를 되찾고 주말 관광객이 늘어나면서 지역 경제가 살아났습니다. 일본의 나가노 역시 신칸센 개통으로 수도권과의 거리가 단축되자, 관광과 지역 농산물 판매가 활성화되며 지역 발전의 모범 사례로 꼽히고 있습니다. 이런 사례들은 홍천이 철도 개통을 계기로 충분히 도약할 수 있음을 보여줍니다.

홍천 철도의 개통은 주민들의 삶의 질 개선에도 직접적으로 변화를 가져올 것입니다. 수도권과 연결되면 대학교, 연구소, 종합병원 등 다양한 시설과의 접근성이 좋아져 교육과 의료 서비스 이용이 훨씬 편리해집니다. 동시에 지역 내부에도 새로운 교육·문화 인프라를 확충할 필요성과 명분이 강화됩니다. 청소년 문화센터, 평생학습관, 과학체험관 등이 조성된다면 지역 아이들은 수도권까지 가지 않아도 다양한 학습 경험을 할 수 있고, 주민들은 공연장, 미술관, 도서관 같은 문화 공간을 통해 더 풍요로운 삶을 누릴 수 있습니다. 이는 곧 홍천에서 살아가는 것이 자부심이 되는 환경으로 이어질 것입니다.

결국 홍천 철도는 단순히 교통 편리성을 높이는 시설이 아니라, 지역 경제와 문화, 관광과 환경, 교육과 정주 여건 전반을 아우르는 변화를 주도하는 매개체 역할을 하게 될 것입니다. 역세권을 중심으로 한 복합 문화 공간 조성, 관광 자원과 전통시장 활성화, 친환경 교통망 확립, 청년 창업과 인구 유입, 그리고 삶의 질 개선은 모두 철도가 가져올 수 있는 현실적인 발전 전략입니다. 이러한 변화는 홍천을 지나는 지역에서 머무르는 지역으로 바꾸고, 나아가 수도권 시대를 여는 중요한 관문으로 만들 것입니다. 철도는 결국 홍천을 강원 내륙 발전의 중추로 성장시키는 힘이 될 것입니다. 홍천 지역 발전에 철도가 결정적으로 작용할 것임이 틀림없습니다.

"문명을 만든 것은 강과 길이었다."

– 아놀드 토인비

4
새로운 홍천강 프로젝트

자연과 사람이 공존하는 홍천이 있습니다.
홍천강이 홍천의 희망입니다.

홍천읍을 지나는 홍천강의 넓은 강변은 지금도 약 1km가량이 시멘트 바닥입니다. 언제부터인지 용도는 주차장으로 쓰이고 있고요. 강을 따라 펼쳐져야 할 버드나무·갈대·풀꽃 대신, 콘크리트 바닥과 차량이 눈에 먼저 들어오는 현실은 분명 아쉽습니다. 자연의 공간을 아름답게 조성해 주민들께 돌려드리는 일, 즉 강변의 주인이 주민이 되는 전환이 이제는 필요하고 생각합니다. 주차 수요를 이유로 강변을 계속 점유하는 방식 대신, 기존 평면주차장을 주차타워로 단계적으로 바꿔 토지를 집약적으로 쓰는 방안이 우선 검토되어야 할 것입니다. 이는 단순히 주차의 문제로만 끝나는 것이 아닙니다. 지역 주민이 당사자 입장인 보행자에 대한 배려와 홍천의 상징인 홍천강에 대한 자연경관을 회복하는 의미를 지닙니다. 확보된 수변 공간은 공원과 문화·생태·관광 기능으로 채워 넣는 전략이 합리적이라고 생각합니다. 서울의 한강 사업이 자동차 중심의 하천부지를 사람 중심의 수변공간으로 바꾸며 공원·체육·문화 기능을 촘촘히 넣었던 것처럼, 홍천도 '강변의 일상화'를 목표로 삼을 수 있습니다. 서울시는 2007년 '한강 르네상스' 이후 최근에도 자연·교통·명소·활력을 4대 축으로 55개 과제를 추진하며 하천 접근성과 공공성을 점차 높이고 있다고 합니다. 이 흐름은 주차 대신 사람이라는 원칙을 행정이 꾸준히 실천해 왔다는 의미로 해석됩니다.

홍천강 프로젝트는 어려운 것이 아닙니다. 그저 의지가 문제일 뿐 추진사례는 충분히 많이 보여지기 때문에 걱정할 것이 없을 듯합니다. 한강은 과거 난지도 쓰레기 매립지와 인접한 황폐한 구간을 공원·생태·여가 기능을 만드는 데 성공한 바 있습니다. 심지어 더 나아가 난지 캠핑장은 강변 공원 안에 합법적이고 안전한 도심 캠핑을 정착시켜 큰 호응을 얻고 있습니다. 홍천강도 가능합니다. 홍천강에도 친환경 수변공원과 임시야영이 가능한 구역을 합리적으로 지정하고 관리한다면, 가족 산책로, 축제장, 테마 체험과 자연스럽게 어울리는 콘텐츠를 만들 수 있을 것입니다.

 유럽과 미국의 강변 전환도 마찬가지입니다. 큰 기조는 콘크리트, 차도, 주차 공간을 줄이고 사람과 생태의 면적을 늘리는 방식입니다. 산책과 문화 활동이 가능한 수변 산책로는 사람들의 체류 시간을 늘려주고, 도심의 상징성도 한층 높여줄 것입니다. 차가 다니던 곳을 사람에게 돌려준다는 메시지는 홍천강에도 그대로 통할 것입니다. 기존 강변에 놓였던 불편했던 보행로와 위험했던 자전거 도로를 정비해야 합니다. 그리고 강물 가까이 내려갈 수 있는 계단도 완만하고 예쁘게 새로 조성해야 합니다. 낮에는 휴식과 아이들과 체험할 곳이 있고, 밤에는 은은한 조명 속 산책이 이어질 수 있도록 말입니다.

그리고 홍천시장에서 수변공원을 통해 토리숲 축제 공간까지 연결되는 테마길을 만들어 홍천만이 가진 '홍천강 공원길'을 조성해도 반응이 좋을 것입니다. 홍천강과 연결되는 축제장이나 테마파크 등 수익 프로그램은 홍천강 공원 유지관리의 재원에도 도움을 줄 것입니다. 또한 홍천강 프로젝트는 강변의 보행성과 경관이 회복되면서 상업적으로 지역 주민에게 큰 도움이 될 것입니다. 홍천의 상권과 자산가치가 함께 살아날 수 있도록 사람들이 감탄하고 좀 더 머물고 싶은 친환경 홍천강이 필요한 것입니다. 그러므로 홍천강 프로젝트와 수변공원 조성은 단순히 강변을 아름답게 꾸미는 사업에 그치는 것이 아닙니다. 홍천 전체의 미래를 설계하는 종합적인 전략입니다. 환경 보존과 관광 활성화, 지역 경제 성장과 주민 삶의 질 개선, 교육적 가치와 홍천의 발전까지, 그 파급 효과는 매우 클 것입니다.

홍천은 수도권 시대를 맞이할 준비를 해야 합니다. 시간은 걸리겠지만, 언젠가 홍천강이 아이들이 가장 가고 싶은 곳으로 소문나는 날이 올 것입니다. 연인들이 한 번씩은 함께 걸어야 하는 테마길로도 유명해질 것입니다. 속초 바다를 다녀가는 길에 가족들이 부모님을 모시고 꼭 쉬어가고 싶은 홍천강이 될 것입니다. 홍천강이 한 번 물꼬가 트이기 시작한다면, 너무나 많은 아이디어와 프로그램들이 생겨날 것입니다. 그렇게 되면 자연스럽게 홍천의 경제에 도움이 될 것입니다. 홍천강은 단순히 흐르는 강물이 아니라 홍천의 미래를 열어가는 희망의 강이 될 것입니다.

"강물은 바다를 향해 가면서도
늘 마을을 적신다."

– 다산 정약용

5
홍천의 축제를 종합관광의 매개체로

먹고 버리는 축제는 이제 그만해야 합니다.
친환경 메카 홍천이 제대로 된 축제를 만듭니다.

우리나라에 지역 축제가 전국적으로 몇 가지 정도 있는지 가늠해 본 적 있으신가요. 결과를 먼저 말씀드리자면, 2024년 기준으로 지역 축제가 1,170개나 있었습니다. 그런데 이 개수가 언뜻 들으면 매우 많게 느껴질 수 있지만, 따져보면 그리 놀라운 수치도 아닙니다. 우리나라의 광역지자체가 17개이고, 기초지자체가 226개이므로 모두 합하면 243개 지자체가 되고요. 각 지자체 단위마다 일 년에 다섯 개의 축제를 연다면 얼추 맞아떨어지는 계산이기 때문입니다. 우리 홍천군만 하여도 '홍천축제 포털' 홈페이지에 따르면, 별빛음악맥주, 찰옥수수, 인삼한우, 사과, 산나물, 꽁꽁 축제 등이 있습니다. 어디 그뿐인가요. 인터넷 검색어에 '축제'를 치면 월별 또는 지역별로 수십 개의 다양한 축제들이 즐비하게 나타납니다. 같은 종류의 축제들도 동시다발적으로 출연하여 마치 우후죽순과도 같이 한꺼번에 쏟아져 나오는 실정입니다. 남발되고 있는 축제들이 과연 본연의 취지와 목적에 부합되는지 살펴볼 필요가 있습니다. 그리고 무엇보다 중요한 홍천의 활성화에 도움이 되는지도 말입니다.

 먼저 지역 축제는 홍천의 이미지를 긍정적으로 알리는 중요한 역할이 있습니다. 그러므로 방문자의 의견을 청취하는 소통의 창구를 언제든 활짝 열어놓아야 합니다. 이를테면 '고객 소리함' 같은 불만 섞인 개선 사항이라고 해도 참작하여 반영할 수 있도록 해야 합니다. 축제를 기획하고 실제로 운영하는 어려움을 모두 알고 있지만, 막상 평가에는 냉정해야 한다는 점을 잊지 말아야 할 것입니다. 불편한 목소리를 듣는 것은 괴롭지만, 한 단계 발전해 나가기 위한 과정으로 받아들였으면 하는 바람입니다. 예컨대, 꽁꽁 축제의 경우에 송어 방류량 부족, 회센터의 대기 시간, 안내 부족, 축제 운영과 안전 관리 미흡 등의 지적사항은 전체적으로 부실하다는 뜻이기도 합니다. 하지만 그만큼 방문자들이 관심이 있고 개선의 여지가 있다는 의미이기도 할 것입니다. 자칫 찾아온 분들이 재방문은 고사하고 불만스러운 평가만을 내놓는다면 그런 축제는 개최 자체를 재고하는 편이 홍천군의 이미지에 더 나을 수도 있을 것입니다.

다음으로 우리 지역 축제가 홍천의 경기 활성화에 중요한 수단으로 자리 잡아야 할 것입니다. 축제를 보러 방문한 사람들이 그 축제만 보고 바로 귀가하지 않도록 지역 상권과 연계를 유기적으로 발전시켜야 합니다. 당연한 이야기이지만, 이는 누가 대신해서 해주는 것이 아닙니다. 다들 말로는 쉽게 하지만, 우리 지역 주민 스스로가 그 방법을 찾아야 합니다. 그리고 행정과 정치가 적극적으로 도와주어야 하는 것입니다. 점점 심각해지는 경기 불황으로 더 이상 물러설 수 없다는 심정으로 좀 더 절실한 태도가 필요합니다.

축제장과 홍천의 상권이 연결되도록 통행 루트를 연계하는 방법을 연구해야 합니다. 홍천 시장에 차 없는 거리를 축제 일정과 맞춰 진행하면 효과가 있을 것입니다. 이는 열 십자 형태로 정리된 정선 아리랑시장을 모델로 하면 좋을 것 같습니다. 다른 지역 축제에서 많이 시행하고 있는 상품권 소비를 통한 상권진입도 좋은 방법입니다. 이미 홍천 9경의 관광 코스를 연계하고 홍보하는 다양한 시도들이 있지만 호응도를 더 높여야 합니다. 최소한 축제를 방문한 사람이라면 빈손으로 돌아가는 일은 없어야 합니다. 자연스럽게 소비할 수 있도록 하는 방안을 생각해야 합니다. 홍천의 펜션과 캠핑 전문가의 아이디어도 귀 기울여 들어야 합니다. 상당수의 대안이 이미 현장 안에 숨겨져 있기 때문입니다. 꾸준히 관련 종사자의 의견을 듣고 반영해야 하는 이유입니다.

 현재 홍천의 지역 축제들은 콘텐츠가 다른 지자체와 겹치고 프로그램도 비슷하여 차별성이 부족한 실정입니다. 홍천군의 유명 작물인 찰옥수수 정도가 가장 돋보이는 부분이지만, 맥주나 산나물 같은 경우는 거의 특색이 보이지 않는 주제입니다. 오히려 일각에서는 지역 축제 기간은 지역의 상권이 더 안 좋아진다는 원망의 소리도 있습니다. 마찬가지로 경기 활성화를 생각해야 하는 부분입니다.

 인접 지역 간 유사한 시기에 유사한 축제를 여는 바람에 관광객이

분산되고 기대 효과가 반감되는 문제가 발생하고 있습니다. 아울러 수익 창출보다는 예산 집행 중심으로 운영되는 경우가 많아, 행사 자체가 형식적인 말 그대로의 행사에 머무는 경우가 있습니다. 이를 해결하기 위해서는, 지자체 간의 협력 체계를 마련하여 축제 일정을 조율하고, 중복되는 테마의 축제는 통합하거나 역할 분담을 통해 차별화된 방향으로 전환할 필요가 있습니다. 또한, 정부나 광역 지자체 차원의 통합적인 축제 관리 시스템을 마련하여 중복 투자와 예산 낭비를 방지해야 합니다.

 축제의 기획과 운영이 소수의 공무원이나 비전문 조직에 의해 수행되는 경우가 많아 차별성이 부족한 경우가 많습니다. 이 경우 축제가 지역의 문화나 특성을 제대로 반영하지 못하고, 단기적인 성과에만 집중하게 됩니다. 또한 체계적인 사전 조사나 사후 평가가 부족하여, 매년 같은 방식으로 축제가 반복되며 발전적인 방향으로 나아가지 못합니다. 대안으로는, 축제 전문 인력을 육성하고, 장기적으로는 민간 축제 전문 기획사와의 협업을 통해 전문성과 창의성을 강화하는 것이 필요합니다. 또한 축제의 전 과정(기획-운영-홍보-평가)에 걸쳐 체계적인 매뉴얼과 평가 시스템을 도입함으로써 지속적인 개선이 가능하게 해야 합니다.

 지역 축제가 주민이 주체가 되어야 할 행사임에도 불구하고, 실질적으로는 외부 관광객만을 대상으로 하는 경우가 많아 지역 주민들이 축제에서 소외감을 느끼는 경우가 있습니다. 특히 일부 축제에서는 주민이 행사 운영에 단순한 인력으로만 참여하거나, 교통통제·소음 등으로 불편을 겪기도 합니다. 주민의 의견이 사전에 충분히 반영되지 않다 보니, 주민과 관광객 간의 괴리감이 발생하고, 이는 축제의 지속 가능성에도 악영향을 미칩니다. 이러한 문제를 해결하기 위해서, 지역 주민이 축제 기획 단계부터 적극적으로 참여할 수 있는 구조를 마련해야 합니다. 마을 단위로 체험 부스를 운영하거나, 주민공모 프로그램을 도입하여 주민 스스로가 주체가 되는 축제를 만들어가는 것이 중요합니다. 또한 축제를 통해 발생한 수익이 일정 부분 지역 사회에 환원될 수 있도록 제도적 장치도 마련되어야 합니다. 물론 쉬운 일은 아닙니다.

 많은 지역 축제가 일회성 행사로 끝나며, 축제가 끝난 후에는 많은 쓰레기와 폐기물이 남는 경우가 있습니다. 일회용품 사용, 무분별한 야외 조명, 불꽃놀이 등은 환경에 악영향을 줄 수 있으며, 이에 대한 책임 있는 대응이 부족한 실정입니다. 또한 축제의 종료 이후에는 관련 시설이 방치되거나 활용되지 못하는 사례도 많아 자원의 낭비로 이어집니다. 이 문제에 대해 홍천은 친환경 축제 운영을 위한 기준과 매뉴얼을 마련하는 것이 필요하다고 여겨집니다. 일회용품 사용을 최소화하거나 재활용이 되는 자원을 사용하는 등 환경 보호를 고려한 운영 방식이 필요합니다. 아울러 축제 후에도 관광객이 홍천 시장을 비롯하여 홍천강과 홍천의 관광지를 방문하도록 유도해야 합니다. 그러려면 당연히 체험형 콘텐츠나 관광 코스를 개발하고 연계해야 합니다. 홍천의 축제가 종합적인 관광자원의 한 부분으로 전환될 것입니다.

"문화는 사람들을 모으고,
축제는 사람들을 하나로 만든다."

– 괴테

6

홍천이 평화와 안보의 중심으로

평화를 지키는 확실한 방법은 강한 힘입니다.
홍천은 평화와 안보를 지키는 가장 적합한 곳입니다.

강원도는 한반도에서 유일하게 남과 북으로 분단된 곳입니다. 즉, 북한에도 강원도가 있습니다. 그리고 우리 홍천은 북한과 인접한 접경지와 가까운 지역이라는 특수성을 안고 있습니다. 언제든 긴장을 늦출 수 없는 안보 현실 속에 놓여 있는 것이죠. 이러한 상황은 주민과 군인 모두에게 무거운 위기의식을 안겨줍니다. 동시에 홍천군은 인구 대비 군인의 비중이 상당히 높은 곳입니다. 이 점은 군대와 지역 사회가 단순히 함께 존재하는 차원을 넘어, 반드시 협력하고 상생해야 할 이유를 잘 보여줍니다.

 이 상생의 방안을 모색하는 과정에서 생각하여 본 것이 이른바 '홍천 평화 안보 문화관'입니다. 이 문화관은 단순한 전시 공간으로 그치는 것이 아닙니다. 주민과 군인, 그리고 외부 관광객이 함께 모여 안보 의식을 되새기고 체험할 수 있는 열린 장이 되어야 합니다. 이에 군인들이 직접 해설을 맡아 자신들의 임무와 역할을 설명한다면 더욱 신선할 것으로 기대됩니다. 주민은 군을 더 가까이 이해할 수 있고, 방문객은 신뢰와 공감을 얻을 수 있을 것입니다. 또한 학생과 청소년에게는 교과서보다 더 생생한 안보 교육 현장이 될 것입니다. 홍천이 만들 수 있는 독창적인 콘텐츠라고 생각합니다.

 다음으로 군 체험과 견학 프로그램 역시 큰 가치를 지닙니다. 기존에 있었던 해병대 체험과 유사한 방식도 괜찮을 것 같습니다. 하루 동안 군복을 입고 기초 훈련을 따라 해보는 것, 전투식량을 맛보는 것으로도 특별한 경험이 될 것입니다. 가족 단위의 견학은 아이들에게는 재미있고 신나는 일이 될 것입니다. 예비역 아빠들에게는 군시절을 떠올려보는 좋은 추억도 될 것입니다. 이러한 병영 프로그램의 장점은 이미 검증이 되었으므로, 실제로 추진할 수 있느냐의 능력이 핵심이라고 하겠습니다.

 그리고 평화 안보 축제도 상생을 한층 더 활기차게 만들 것입니다. 홍천의 전통과 군의 특성을 결합한 축제는 독창적인 문화 행사로 자리 잡을 수 있습니다. 군악대의 힘찬 연주, 의장대의 절도 있는 공연은 보는 이에게 깊은 인상을 남깁니다. 군 장비 전시와 체험 부스는 관광객의 눈길을 사로잡을 것입니다. 주민과 군인이 함께 뛰는 스포츠 대회나 합동 자전거 대회도 좋습니다. 함께 웃고, 함께 땀 흘리며, 자연스럽게 유대가 쌓이는 과정 자체가 상생입니다. 그리고 이런 과정은 군인들의 사기를 높여주는 계기가 되기도 합니다. 물론 이런 활동이 앞서 말씀대로 축제의 일회성으로 끝나서는 안 됩니다. 군과 지자체, 주민이 함께하는 협의체를 꾸려 정기적으로 만나야 합니다. 서로의 의견을 나누고, 프로그램을 점검하고, 개선해 나간다면 지속성과 안정성이 확보될 것입니다. 홍천은 예산과 홍보를 맡고, 군이 참여할 수 있도록 적극적으로 도와야 할 것입니다. 이에 주민들도 참여하여 의미를 더해 주어야 합니다. 이렇게 삼자가 손을 맞잡을 때, 비로소 진정한 상생이 현실이 될 것입니다.

 이러한 생각들이 좀 더 구체적으로 실현이 된다면, 홍천의 경기 활성화에 도움이 될 것입니다. 이유는 단순합니다. 먼저, 외부 관광객을 끌어들이는 강력한 동력이 될 것이기 때문입니다. 홍천 평화 안보 문화관, 군 체험, 안보 축제는 다른 곳에서 경험하기 힘든 콘텐츠입니다. 독창적이고 차별화된 관광자원으로 자리 잡게 될 것입니다. 그리고 자연스럽게 지역 경제에 활력을 불어넣을 것입니다. 숙박업, 음식점, 상점, 관광업 전반이 살아날 수 있습니다. 주말 야시장부터 홍천 상권 회복을 위해 애쓰시는 지역 상인분들께도 도움이 될 것입니다. 더하여 홍천만의 특색 있는 안보 중심의 테마는 홍천을 '평화와 안보의 고장'으로 기억해줄 것입니다. 주민은 지역에 대한 자긍심이 생기고, 군인들에게는 자신의 정체성 확립과 사기가 오르게 하는 효과도 있을 것입니다. 자신들의 역할이 사회적으로 존중받고, 주민과 관광객으로부터 인정받는다면, 복무 의욕은 더욱 커지고 긍정적인 에너지가 퍼질 것입니다.

 홍천군의 특수성은 위험이자 동시에 기회라고 생각합니다. 북한과 가까운 접경이라는 무거운 현실을 안고 있지만, 이를 군과 주민이 함께하는 상생의 길로 바꾼다면 새로운 가능성이 열릴 것입니다. 물론 누구도 우리를 대신하여 저절로 밥상을 차려주진 않을 것입니다. 홍천 평화 안보 문화관은 거창하지 않은 아이디어 제공이지만, 이것이 불씨가 되어 체험, 교육, 축제, 교류를 통한 홍천 경기 활성화에 힘을 보탰으면 합니다. 많은 경험과 아이디어를 가진 우리 홍천의 역량 있는 분들께서 도와주셔야 할 일이기도 합니다. 함께 참여하고 만들어가는 홍천이 되어야 합니다.

"평화는 준비된 자에게만 머문다."

– 플라투스

7

AI와 홍천의 혁신 프로젝트

기술은 차갑지만 그 안의 목적은 따뜻해야 합니다.
AI를 주도하는 홍천이 세상을 놀라게 힐 수 있습니다.

바야흐로 AI 인공지능은 더 이상 먼 미래의 기술이 아닙니다. 우리의 일상과 산업, 행정 전반에 깊숙이 스며들어 변화를 이끌고 있습니다. 홍천 역시 이러한 흐름에서 예외일 수 없습니다. 과거의 방식에만 머물러서는 빠르게 변하는 시대를 따라잡기 어렵습니다. 변화의 물결은 이미 우리 앞에 다가왔고, 이를 기회로 삼아야 합니다. 수도권과 발맞추어 나아가면서, AI를 중심에 둔 혁신 전략을 마련하는 것. 그것이 홍천이 미래로 도약하는 첫걸음이 될 것입니다.

 홍천이 지향해야 할 미래는 단순한 도심의 확장이 아닙니다. 사람이 중심이 되면서도 보존과 관리가 잘된 자연이 균형을 이루는 친환경 지역으로 거듭나는 것입니다. 이를 위해 먼저 AI를 활용한 스마트시티 기반을 마련해야 합니다. 예를 들어, 행정 서비스에 AI를 도입하면 주민 개개인의 상황에 따른 맞춤형 안내와 지원이 가능해집니다. 이는 민원 해결을 위한 합리성을 높여줄 것입니다. 즉, AI 기반 민원 시스템을 도입해 이동 효율을 높일 수 있을 것입니다. 그밖에 교통이나 환경 관리 역시 데이터 기반으로 즉각 대응하는 체계를 갖추면, 재난 상황이나 기후변화에 따른 피해로부터 주민 생활의 질이 크게 향상될 것입니다.

 기후 위기 시대에 에너지 전환 또한 선택이 아닌 필수 과제입니다. 홍천은 풍부한 산림과 하천 자원을 활용해 태양광, 소수력, 바이오매스 등 다양한 재생에너지를 생산할 수 있습니다. 마을 단위의 태양광 발전소, 하천을 이용한 친환경 수력 설비, 농업 부산물을 활용한 바이오매스 발전은 홍천을 선진화 시키는 데 큰 역할을 할 것입니다. 물론 지역 경제와 환경 보호에도 도움이 될 것이고요.

 홍천의 역사와 문화는 지역의 정체성을 형성하는 중요한 자산입니다. 이를 단순히 보존하는 데 그치지 않고, 현대적인 감각으로 재해석해 관광과 지역 경제 활성화로 연결해야 합니다. 증강현실(AR) 기술을 활용해 과거 홍천의 모습을 재현하는 디지털 역사 체험관을 운영하거나, 지역 예술인과 청년 창작자가 함께하는 문화 축제를 개최할 수 있습니다. 역사적 사건과 인물을 주제로 한 스토리텔링 관광 코스는 방문객들에게 특별한 경험을 제공할 것입니다. 예를 들면, 한서 남궁억 선생의 생애와 무궁화 보급을 주제로 한 AI 체험관을 무궁화 수목원에 설치는 방안을 생각해볼 수 있을 것입니다. 마찬가지로 홍천의 세계적인 무용가 최승희 선생의 춤 예술도 가능할 것이고요. 그리고 정명 천년이 된 홍천의 역사를 홍천박물관에서 AI 기술을 통해 볼 수 있다면 큰 반향을 일으킬 것입니다.

그리고 홍천의 지속적인 성장을 위해 양질의 일자리와 인재 확보가 필수적입니다. 결코 홍천은 이미 끝났다고 포기하지 말아야 합니다. 홍천 철도 등으로 수도권과의 접근성을 높이고, 세제 혜택과 연구 지원을 전폭적으로 밀어주어 유수 기업을 유치해야 합니다. 이미 행정적인 노력과 과정이 있었지만, 반드시 미래 홍천의 발전을 위해 눈에 보이는 성과를 내야만 합니다. 그리고 AI, 바이오, 친환경 에너지 분야의 산업 클러스터를 조성하는데 전력을 다해야 합니다. 유명 대학 캠퍼스를 유치하면 저절로 산학협력 모델이 구축되어 청년층 유입이 촉진되고 홍천이 젊어질 것입니다.

결국 홍천의 혁신 프로젝트는 AI 기술, 친환경 가치, 역사와 문화, 그리고 사람 중심의 도시 설계가 어우러진 종합 비전입니다. 이 비전이 실현된다면 홍천은 수도권과 어깨를 나란히 하는 첨단·친환경 도시로 성장할 것이며, 주민과 방문객 모두가 만족하는 번영을 누릴 수 있을 것입니다. 변화의 시대, 그 변화를 주도하는 것은 바로 우리 홍천의 선택과 실행입니다.

"미래는 오늘 우리가 무엇을 하는가에 달려 있다."

– 마하트마 간디

나오며

값진 경험을 통해,
홍천강에서 한강까지

홍천에서 피어난 꿈은 지역을 넘어
세상을 향해 펼쳐질 것입니다.

돌이켜보면 지난 8년간의 무명 정치 생활은 저에게 값으로 환산할 수 없는 귀한 선물이었습니다. 누군가에게는 실패로 보일 수도 있고, 또 다른 누군가에게는 미숙한 도전으로 비칠 수도 있었을 것입니다. 하지만 저에게는 무엇과도 바꿀 수 없는 소중한 배움과 성장의 시간이었습니다. 선거판에 나서는 일은 때로는 외롭고 고단한 길이기도 하였습니다. 잘못된 낭설로 비난받거나 정파가 다르다는 이유만으로 미워하며 정책이나 소견에 무관심으로 대응하는 현실 속의 차가운 분들을 대할 때면 그 서운함이 북받치기도 하였습니다. 하지만 그것이 척박한 현실정치의 응달이기에 양지만을 찾으며 낭인처럼 살 수는 없었습니다. 오히려 그런 과정이 사람을 좀 더 성숙하고 단단하게 만들어줄 것이라는 확신이 들었습니다. 게다가 큰 목소리를 내는 분들은 소수였습니다. 정작 평범한 다수의 선량한 분들은 침묵하는 법, 작은 일에 일희일비할 필요가 없는 이유였습니다. 분명한 것은 우리들의 홍천은 스스로가 만들어가는 것일 뿐, 누가 대신하여 만들어주거나 살아주는 것이 아니란 것이었습니다.

앞으로 홍천은 새로운 도약을 준비해야 합니다. 현실을 직시하면서도 희망을 잃지 않고, 철도와 관광, 축제와 교육, 그리고 AI와 같은 혁신적 프로젝트를 통해 한 단계 더 나아가야 합니다. 홍천이 더 이상 변방이 아니라, 평화와 안보의 중심지로, 또 시대를 선도하는 지역으로 성장할 수 있다고 굳게 믿습니다. 그 길에는 많은 어려움이 따르겠지만, 주민 여러분과 함께라면 충분히 가능할 것이라는 확신이 있습니다.

 정치란 결국 사람이 제대로 중심에 서 있어야 합니다. 청춘의 패기로 시작했던 제 도전은 어느새 지역의 문제를 바라보는 눈을 넓혀주었고, 주민 한 분 한 분의 목소리를 경청하는 귀를 열어주었습니다. 청년 정치가 쉽지 않다는 것을 몸소 겪으며, 쓰디쓴 경험 속에서도 오히려 제 철학과 소신은 더욱 선명해졌습니다. 중요한 것은 사람의 올바른 됨됨이가 정치에도 바탕이 된다는 점의 깨달음입니다. '사람답게, 솔직하게, 그리고 흔들림 없이'라는 다짐은 정치적 유불리를 떠나 제가 끝까지 지키고 싶은 신념입니다.

 선거 과정에서 만난 주민들의 목소리는 다양했습니다. 북방면 북방리에서 만난 농부님의 환한 미소를 기억합니다. 그리고 또 거리에서 만난 어떤 할머니의 인생 회한이 묻어있는 하소연을 잊지 않고 있습니다. 왜 사서 고생하느냐는 친구의 원망도 선명합니다.

제가 만난 꽃과 별 같은 사람들의 이야기는 제 삶을 더욱 풍요롭게 만들었습니다. 장터에서, 터미널 앞에서, 비 오는 거리에서 마주친 진심 어린 응원과 때로는 눈물 섞인 호소는 저를 다시 일어서게 했고, 정치인의 길이란 결국 주민들의 삶을 어깨에 짊어지는 길임을 깨닫게 했습니다. 이름도 남기지 않은 채 건네주신 격려의 말들, 그리고 날카로운 질책조차도 저를 더 겸손하게, 더 사람답게 만들어주었습니다.

 정치는 철학과 소신이 없다면 결국 표류할 수밖에 없습니다. 저는 '작은 것부터 실천하는 정치'를 꿈꿉니다. 틀에 박힌 이념적 구분을 넘어, 진짜 필요한 것이 무엇인지, 현장에서 어떤 답을 찾아야 하는지가 중요하다고 생각합니다. 지역 정치의 본질은 결국 주민의 삶을 더 낫게 만드는 것이라는 사실을 잊지 않겠습니다.

 최제현의 정치 여정은 끝나지 않았습니다. 홍천은 어느 때보다 강력한 추진력을 갖춘 지역 리더가 필요한 때입니다. 때로는 느리더라도, 걸음을 멈추지 않을 것입니다. 제가 바라는 것은 오직 하나, 홍천이 더 나은 내일을 맞이하는 것입니다. 열심히 연구하고 공부하겠습니다. 제가 가진 경험과 열정을 가득 진심으로 담아 언제나 주민 여러분 곁에서 함께하겠습니다. 정치라는 무거운 이름 앞에서 인사드리는 것이 늘 죄송스럽습니다. 하지만 포기하지 않을 것입니다. 이것이 저의 변함없는 약속이며, 진실한 마음입니다.

오! 자네가 최제현인가?
홍천강에서 한강까지, 그리고 그 너머

펴낸날_ 초판인쇄 2025년 11월 25일

글쓴이_ 최제현
펴낸곳_ 도서출판 창조와 지식
인쇄처_ (주)북모아

출판등록번호_ 제2018-000027호
주소_ 서울특별시 강북구 덕릉로 144
전화_ 1644-1814
팩스_ 02-2275-8577

ISBN 979-11-6003-961-0 (03300)
정가 16,000원

이 책은 저작권법에 따라 보호받는 저작물이므로 무단 전재와 무단 복제를 금지하며,
이 책 내용을 이용하려면 반드시 저작권자와 도서출판 창조와 지식의 서면동의를 받아야 합니다.
잘못된 책은 구입처나 본사에서 바꾸어 드립니다.